# Der Seefrachtenmarkt

## Ein Beitrag zur Lehre von der Preisbildung

von

Dr. oec. publ. **Fr. Stapelfeld**
Diplomvolkswirt

Springer-Verlag Berlin Heidelberg GmbH

1931

ISBN 978-3-662-32508-7 ISBN 978-3-662-33335-8 (eBook)
DOI 10.1007/978-3-662-33335-8

# Inhaltsverzeichnis.

## I. Allgemeiner Teil.



## II. Spezieller Teil.

# Abkürzungen.

| | | |
|---|---|---|
| D. A. Z. | = | Deutsche Allgemeine Zeitung. |
| Hdw. | = | Handwörterbuch der Staatswissenschaften. |
| I. u. H. | = | Industrie- und Handelszeitung. |
| W. A. | = | Weltwirtschaftliches Archiv. |
| W. D. | = | Wirtschaftsdienst. |
| Z. f. d. g. St. | = | Zeitschrift für die gesamte Staatswissenschaft. |

# I. Allgemeiner Teil.

Der Seefrachtenmarkt als Weltmarkt ist noch eine sehr jugendliche Erscheinung, die ihre Entstehung erst aus der zweiten Hälfte des vergangenen Jahrhunderts herschreibt. In den Zeiten davor, wo noch Kaufmann und Reeder in der Regel ein und dieselbe Person waren, sind zwar auch schon Vercharterungen ganzer Schiffe und die Mitnahme von Teilladungen gegen entsprechende Raten[1] vorgekommen. Aber diese Geschäfte hatten doch mehr gelegentlichen Charakter. Als jener Markt, an dem regelmäßig ein Weltangebot von Tonnage mit einer Weltnachfrage danach nach Ausgleich streben, ist der Seefrachtenmarkt eine moderne Erscheinung, die erst Daseinsberechtigung erhalten konnte, nachdem sich eine Anzahl Voraussetzungen dafür erfüllt hatten. In erster Linie mußte ein Schiffsmaterial vorhanden sein, das wendig genug war, um auf die verschiedenen Gewinnchancen, die sich in den einzelnen Häfen bieten, entsprechend und möglichst schnell reagieren zu können. — Die zunehmende Entwicklung des Handelsverkehrs auf der nordatlantischen Route beförderte die Entwicklung der Seeschiffahrt, und die weitere Vervollkommnung der Verkehrsmittel zur See begünstigte wiederum die Erschließung neuer Märkte. — Ferner haben die teehnischen Fortschritte auf dem Gebiete des Nachrichtenwesens die Entstehung des Weltfrachtenmarktes erleichtert. Sie machten es möglich, daß über die Marktlage an allen für die Seeschiffahrt wichtigen Plätzen der Welt in kürzester Zeit Informationen eingeholt werden konnten. Aber noch eine andere Vorbedingung für die Entstehung des Weltfrachtenmarktes mußte in Erfüllung gehen. Der Geist der Navigationsaktenära mußte überwunden werden durch den Geist des Liberalismus, durch die Idee von der moralischen Freiheit des Individuums bei der Verfolgung seiner wirtschaftlichen Interessen. Erst als jede Nation ihre Häfen für die Schiffahrt aller Herren Länder öffnete, hat der Seefrachtenmarkt seinen Platz im Gefüge der Weltwirtschaft erhalten. Doch darf die außerordent-

[1] Strieder: Levantinische Handelsfahrten deutscher Kaufleute des 16. Jahrhunderts. Berlin 1919. — Sombart: Moderner Kapitalismus II. 1, 288ff.

liche räumliche Ausdehnung dieses Marktes nicht darüber hinwegtäuschen, daß auch dieser Markt im wirtschaftlichen Ganzen nur die Rolle eines kleinen Teilmarktes spielt, der auf das Zusammenwirken mit anderen Teilmärkten ebenso angewiesen ist, wie diese auf ihn.

Besonderes Interesse verdient jedoch dieser Markt darum, weil hier die Marktvorgänge weitgehend sich im Zeichen des freien Spieles der Kräfte abwickeln[1]. Der Seefrachtenmarkt weist damit in recht vollkommener Weise eines der Merkmale auf, die die reine Ökonomik ihren Gedankenreihen als Voraussetzung voranzuschicken pflegt. Es muß daher besonders reizvoll erscheinen, hier das für das Funktionieren des wirtschaftlichen Ineinandergreifens so wichtige Phänomen der Preisbildung zu untersuchen.

Die vorliegende Abhandlung beschränkt ihre Aufgabe darauf, lediglich in Form eines Beitrages wesentliche Gesichtspunkte herauszustellen, auf die eine solche Untersuchung abzuheben hätte.

Es sollen nun zunächst die am Markt handelnd auftretenden Personen in ihrer Einwirkung auf die Bestimmung des Preises einer genaueren Betrachtung unterzogen und dann erst soll auf den Preis und die von diesem auf Anbieter und Nachfragende ausstrahlenden Energien eingegangen werden.

## A. Nachfrage und Preisbildung.

### 1. Allgemeine Voraussetzungen für das Zustandekommen der Nachfrage.

Verkehrsbeziehungen entstehen nicht schon dort, wo die durch Meere getrennten Wirtschaftsgebiete über genügende Kaufkraft verfügen. Die Völker müssen auch gewillt sein, diese Kaufkraft in einem den Verkehr befördernden Sinne zu betätigen[2]. Dazu bedarf es der Anregung. Bedürfnisse müssen erst geweckt werden. Die kolonialen Völker müssen Bedarf nach den Gütern der industriell entwickelten Länder äußern, und umgekehrt müssen auch die Industrieländer Geschmack und Verwendung für die Produkte fremder Zonen übrighaben, wenn ein regelmäßiger Verkehr stattfinden soll. Die Einrichtung direkter Schiffsexpeditionen zwischen Hamburg und Ostasien machte gerade deshalb anfangs so lang-

---

[1] v. Zwiedineck-Südenhorst: a. a. O. S. 636 spricht von der „anerkanntermaßen und von jeher freien Preisbildung in der Seeschiffahrt".

[2] W. D. vom 18. Mai 1928. In bezug auf Siam heißt es dort: „Die steigenden Importzahlen beweisen die Abkehr der Bewohner von buddhistischer Genügsamkeit und der Gewohnheit, Kaufkraft in Schätzen anzulegen und zu horten.

same Fortschritte, weil es Deutschland an geeigneten Massenausfuhrartikeln fehlte, und man bei uns mit Chinas hochwertigen Ausfuhrprodukten zunächst nichts anzufangen wußte[1].

Um das Ziel, die wirtschaftlichen Beziehungen zwischen den durch Meere getrennten Ländern zu erleichtern und somit zu fördern, bemühen sich Staaten und Private. Als staatliche Mittel kommen alle den Verkehr belebenden Maßnahmen der Handelspolitik in Frage. Die Privaten suchen durch die Qualität ihrer Produkte, durch geeignete Organisation des Angebots im Auslande den Markt ihrer Erzeugnisse auszudehnen. — Ein anderes für die Förderung des Überseeverkehrs bedeutsames Mittel ist in den Zahlungsbedingungen enthalten, in der Möglichkeit also, die Gegenleistung mehr oder weniger langfristig stunden zu können. Zu diesem Zwecke sind in vielen Staaten nach dem Kriege Exportkreditversicherungen ins Leben gerufen worden. Ja, man hat sogar gelegentlich das volkswirtschaftlich sehr bedenkliche[2] Experiment gewagt, Diskontpolitik[3] im Dienste der Begünstigung des Überseehandels zu machen. — Ein weiterer für die Steigerung des Bedarfs an Schiffsraum wichtiger Faktor ist eben die Höhe der Frachtrate, die durch die Verhältnisse am Seefrachtenmarkt bestimmt wird.

## 2. Einflußmöglichkeiten der Nachfrage auf die Preisbildung.

Die Beanspruchung von Schiffsraum bedeutet für den Nachfragenden Aufwendung von Kosten. Sobald ein Kostenfaktor auftaucht, sucht ein wirtschaftlich kalkulierender auf die Erzielung eines größtmöglichen Ertrages bedachter Mensch sich auf die Frage Antwort zu geben: Wie lassen sich diese Kosten — falls sie nicht überhaupt zu umgehen sind — möglichst gering gestalten? Das ökonomische Prinzip, mit einem Minimum von Aufwand ein Maximum zu erreichen, strebt in Geltung zu treten.

Wenn die Schiffe in einem bestimmten Zeitmaß kommen und gehen, und wenn die Nachfrage nach Tonnage in dem gleichen Rhythmus und in einem dem Laderaum völlig angepaßten Umfange erfolgt, dann werden die Marktdaten von gestern in der Regel auch die von heute sein. Diese Harmonie wird gestört, so-

---

[1] Scholz: a. a. O. S. 29.

[2] Über die Folgen des leichtsinnigen Kreditsystems Japans für die Seeschiffahrt siehe Bericht Albert Ballins an sein Hamburger Haus vom 17. April 1901. Zitiert bei Huldermann, B.: a. a. O. S. 139.

[3] J. u. H. vom 18. Oktober 1928.

bald die Nachfrage[1] in einem anderen Zeitmaß als im hergebrachten mit Schiffsraum eingedeckt sein will. In diesem Falle reicht die sogenannte prompte Tonnage nicht mehr aus, um den nunmehr plötzlichen Ansturm der Gütermengen aufzunehmen. Der Bedarf, der ein Interesse daran hat, eher bedient zu werden als seine Konkurrenten in der Nachfrage, muß durch die Bewilligung eines höheren Preises das Angebot auf sich aufmerksam machen. In eine solche, wenig günstige Marktposition kommen die Ablader von landwirtschaftlichen Erzeugnissen von Zeit zu Zeit immer wieder; auch die Verfrachter von schwedischem Erz oder Holz, die nur in der eisfreien Zeit ihre Verträge zu erfüllen in der Lage sind, können leicht in dieselbe Situation geraten. — Es muß z. B. eine große Ernte hereingenommen werden. Die Güter sind dem Verderb ausgesetzt, wenn sie nicht baldigst eingelagert werden. Die einzige Möglichkeit zur Einlagerung bietet der Schiffsraum. Die Farmer brauchen unmittelbar bares Geld. Unter solchen Umständen nehmen die Trampreeder geradezu eine monopolartige Stellung ein, die ihnen sehr ergiebige Frachtraten durchzudrücken erlaubt. Hiergegen versuchen die Getreideablader sich zur Wehr zu setzen. An der Getreideverschiffung interessierte Kreise in Kanada, in den Vereinigten Staaten, in Argentinien, Südafrika und Australien haben sich meist in Form von Pools kartelliert und die Getreidegürtel ihrer Länder mit einem System von Elevatoren durchsetzt. Dadurch ist der so notwendige Lagerraum geschaffen worden. Jetzt können die Ablader, wenn ihnen die Frachtforderungen der Reeder zu hoch erscheinen, abwarten, ohne um den Verderb ihrer Güter Sorge tragen zu müssen. „Die Verfügungsmacht über die Bestände gibt den Pools die erwünschte Möglichkeit — so bestätigt ein britischer Trampreeder[2] — die Raten zu drücken.“ Gelingt es, den Getreideabladern durch ihre Maßnahmen dauernd ihre Stellung am Markte zu stärken, so dürfte

---

[1] Das Angebot bleibt unverändert.

[2] Zit. im W. D. **1928**, 115. Derselbe britische Reeder meint sogar, daß durch die Entwicklung neuer Methoden bei der Bewirtschaftung von Massengütern die Amplituden der Saisonschwankungen verflachten. Tatsächlich läßt sich statistisch belegen, daß Saisonschwankungen in der Getreidefahrt nicht mehr die gleiche Intensität haben wie vor dem Kriege. Für dieses Resultat darf man wohl kaum auf die Wirksamkeit der Pools allein verweisen, wie es der britische Reeder hier tut. Das Überangebot an Tonnage ermöglicht den Ausgleich von Angebot und Nachfrage bei niederen Raten. Über die Bedeutung der Getreidepools bei der Ratenbildung vgl. noch: l'Information vom 26. August 1928. Le marché des frèts. Ferner Hansa vom Februar 1928, S. 314: Um das Lebensrecht der Trampschiffahrt von Dr. Geiß. — Hansa vom Januar 1927, S. 153. Bemerkungen über die Frachtermäßigungspolitik der australischen Getreidepools.

dadurch die Trampschiffahrt empfindlich getroffen werden. Die großen Gewinne, die die Saisonschwankungen für diese Form der Schiffahrt im Gefolge hatten, lieferten ihr die Mittel, um in weniger verkehrsreichen Zeiten durchhalten zu können. Fallen diese Gewinnmöglichkeiten fort, erfolgt die Nachfrage nicht mehr stoßweise, sondern regelmäßiger, über einen Zeitraum verteilt, noch dazu in kleineren Partien, dann wird es die Linienschiffahrt sein — also eine ganz andere Form des Verkehrs —, die daraus Nutzen zieht.

Nicht weniger Beachtung für die Preisbildung am Seefrachtenmarkt und für die verlangte Qualität der Verkehrsleistungen verdient die mit Hartnäckigkeit verfolgte Tendenz der Nachfrage, an Schiffsraum soviel wie möglich zu sparen. Hieraus ergab sich Bedarf an Spezialtonnage. Die Beförderung von Öl — ursprünglich in Kannen umständlich besorgt — erfolgt heute fast ausschließlich in Tankschiffen. Jedoch wird die restlose Ausnützung des Schiffsraumes nicht allein durch eine zweckmäßigere Art der Verpackung angestrebt. Man beschreitet den Umweg der Rohstoffveredlung, um zum Ziele zu gelangen. Anstatt lebende Tiere zu verschiffen, wird Fleisch konserviert oder unter Verwendung der Gefriertechnik versandt. Ein einziges Schiff kann auf diese Weise an Stelle von 700 lebenden Ochsen 12000—13000 geschlachtete Tiere als Gefrierfleisch auf einmal verfrachten[1].

In die gleiche Richtung zielt es, wenn die Australier Anstrengungen machen, ihre Wolle an Ort und Stelle zu karbonisieren, zu entfetten und zu reinigen, anstatt sie, wie bisher, voll Kletten und Schmutz zu versenden[2].

Die Getreideablader bevorzugen die Routen, auf denen sie ihr Getreide in „Bulk“ (= lose) statt in Säcken verladen können. Aber auch das befriedigt noch nicht, man sucht statt Getreide gleich das fertige Mehl zu exportieren[3].

Bei der engen Verknüpfung des Verkehrswesens mit der gesamten Wirtschaft ist es begreiflich, daß auch eine Änderung in der Verbrauchsrichtung eine Veränderung im Bedarf an bestimmter Tonnage nach sich ziehen muß. — An Stelle von Wolle wird heute der Kunstseide, die das weniger Raum beanspruchende, hochwertigere Gut ist, der Vorzug gegeben. — Die Ausfuhr von Chile-

---

[1] W. D. **1918**, 908, zit. bei Helander: a. a. O. S. 9.

[2] I. u. H. vom 20. Juli 1928.

[3] Freund, R.: Strukturwandlungen der internationalen Weizenwirtschaft. W. A. **15**, 24. Europäische Weizenmehleinfuhr 1909—1913 5 Mill. dz im Jahresdurchschnitt, 1924 15 Mill. dz. — Vgl. auch Meyer: a. a. O. S. 75ff.

salpeter ist erheblich zurückgegangen; die synthetische Herstellung von Ammoniak wird in fast allen auf Industrialisierung bedachten Ländern versucht, und zwar nicht ohne Erfolg. — Infolge von Anwendung neuer Heizmethoden ist das Welthandelsvolumen an Kohle zurückgegangen[1]. Dem gestiegenen Bedarf an Heizölen entspricht die Zunahme der Welttankflotte von 1478988 BRT. in 1914 auf 7.536.368 BRT. in 1930[2]. In Südamerika, einem Haupteinfuhrgebiet für Kohlen, wird ernstlich erwogen, diese Einfuhr durch Ausnützung der im Lande reichlich vorhandenen Wasserkräfte überflüssig zu machen[3].

Die Änderung in der Einkaufssitte, die in Amerika als hand to mouth buying-Bewegung gekennzeichnet wird[4], ist gleichfalls für den Seefrachtenmarkt von Bedeutung. Anstatt große Partien auf Lager hereinzunehmen, werden lediglich in Anpassung an den augenblicklichen Bedarf kleinere Posten abgerufen. Wer ständig umfangreiche Mengen eines bestimmten Gutes einzufahren hat, für den lohnt es sich, das auf eigenen Schiffen zu tun oder mindestens ganze Schiffe für diesen Zweck zu chartern. Die Gepflogenheit des Hand-to-mouth-buying schaltet diese Methode, seinen Bedarf an Schiffsraum einzudecken, aus und macht sich mit ihrem regelmäßig wiederkehrenden Abruf kleinerer Frachtmengen als vermehrte Nachfrage nach Linientonnage geltend. Deutsche Holzimportfirmen, die vor dem Kriege auf eigenen Segelschiffen ihre Hölzer importierten, bedienen sich heute für die Einfuhr der wesentlich kleineren Quanten der Linienschiffahrt[5].

Diese Ausführungen zeigen für den Tonnagebedarf alle dieselbe Tendenz, nämlich die: sich von einer stoßweisen, notgedrungenen Eindeckung mit Schiffsraum möglichst fern zu halten und die Einrichtung regelmäßiger Verkehrslinien zu begünstigen. Unter dem Druck dieser Bewegung ist der Anteil der Linienschiffahrt am großen Weltverkehr unter Berücksichtigung auch der Spezialschiffe von 60% vor dem Kriege auf schätzungsweise 81% gegenwärtig gestiegen[6]. Vor dem Kriege vollzog sich diese Tendenz

---

[1] Helander u. Haslinger: Hdw. 4. Aufl. S. 352.

[2] D. A. Z. v. 2. X. 1930.

[3] Wie Reichskanzler Dr. Luther in seinem Münchener Vortrag im März 1927 hervorhob.

[4] Hirsch, J.: Stellung und Bedeutung des Handels in der deutschen Volkswirtschaft S. 109 in Strukturwandlungen der deutschen Volkswirtschaft; herausgegeben von Harms. Berlin 1928.

[5] Auf Grund persönlicher Auskunft.

[6] Chamberlain: Liner Tonnage in Oversea Trades „Commerce Reports“ Washington 20. Juli 1925, S. 133ff.; 27. Juli 1925, S. 186ff., zit. bei Helander: a. a. O. S. 9.

langsam. Nach Kriegsende traten die aufgezeigten Tendenzen so gestärkt und in solcher Vielheit hervor, daß man sie mit für die Seeschiffahrtskrise verantwortlich macht.

Nun ruht in den bisherigen Darlegungen noch ein Problem, das für die Beurteilung der Nachhaltigkeit des Bedarfs an Transportmitteln nicht unaufgedeckt bleiben darf.

Die Herstellung von Ammoniak auf synthetischem Wege, die Erzeugung von Kunstseide und auch die Verfahren für Kohleverflüssigung machen es möglich, den Produktionsort in die unmittelbare Nähe des Konsumortes zu legen. Von dieser Möglichkeit wird in erheblichem Umfange Gebrauch zu machen versucht[1]. Hat es da nicht den Anschein, als ob ein Export immaterieller Güter dem Export materieller Güter auf das entschiedenste Konkurrenz zu machen beginne? Muß man — allgemein gesprochen — aus der ständig zunehmenden Industriealisierung der Kolonialländer nicht schließen, daß diese Bemühungen zum Schluß auf eine Selbstbefriedigung jedes Fleckchens Erde und damit auf einen Verkehrstod hinauslaufen werden?

Daß in dem gleichen Ausmaß, mit dem die Industriealisierung Deutschlands vorwärtsschritt, auch die Handelsbeziehungen zwischen England und Deutschland an Dichte zunahmen, wird niemand zu leugnen wagen. Die schnelle industrielle Entfaltung der Vereinigten Staaten von Nordamerika ließ auf dem Nordatlantik die belebteste Schiffahrtsstraße der Meere entstehen. — Vielleicht darf man noch auf ein anderes, zeitlich allerdings etwas entlegenes Beispiel hinweisen und sagen, daß die Verkehrsbeziehungen der deutschen Hansa wohl kaum den großen Umfang hätten annehmen können, wenn nicht die Kolonisation des Ostens ihrer Entstehung vorausgegangen wäre und der Hansa ein weiteres aufnahme- und exportfähiges Hinterland geschaffen hätte.

Bernhard Huldermann führte gelegentlich in einem Vortrag folgendes aus:

„Alle diese Bauten (speziell Eisenbahnen in überseeischen Ländern) haben nicht nur der Schiffahrt Verkehr zugeführt, weil das Material in erster Linie von Europa beschafft werden mußte. Sie wirken auf die lange Sicht dadurch, daß sie das Land erschließen, die Produktion steigern, die nach Absatz sucht . . .“ „Den Bahnbauten in China und in der Mandschurei ist es z. B. zu danken, daß die Schiffahrt einen neuen Frachtartikel in Gestalt der Sojabohne erhalten hat, deren Export zeitweise eine gewaltige Tonnage von Tramps nach Ostasien zog.“

Gerade dieser neue Frachtartikel ist für die Schiffahrt auch fernerhin wichtig geblieben. Der neueste Bericht über den

---

[1] Siehe u. a. Dtsch. Bergwerksztg vom 18. September 1928.

Verkehr durch den Suezkanal hebt ausdrücklich hervor[1]: Aucun produit n'a individuellement accompli autant de progrès que les fèves de soya, dont les chargements totalisent 512000 tonnes de plus que dans les trois premiers trimestres de 1927.

In bezug auf die hier in Rede stehende Frage wurde ich bei der Hapag daran erinnert, daß die Hamburg-Amerika-Linie vor dem Kriege regelmäßige Zuckertransporte in beträchtlichem Umfang ausgeführt hätte. Diese Transporte seien heute so viel wie ganz weggefallen und dennoch führen die Schiffe mit durchweg gut ausgenutztem Frachtraum. Etwas allgemeiner äußerte sich mir gegenüber ein Mitarbeiter einer anderen Großreederei, indem er sagte: Wenn die großen, wenig bevölkerten Landkomplexe Afrikas, Asiens oder Australiens mit mehr Menschen besiedelt würden, wenn diese Gebiete dann wirtschaftlich erschlossen und somit kaufkräftige Nachfrage geschaffen würde, dann müßte die Zunahme der Bedürfnisse in diesen Neuländern eine Belebung von Handel und Wandel zur Folge haben. — Die „Verkehrsmenschen" verfechten also nicht die Auffassung, daß die zunehmende industrielle Erschließung der Kolonialländer den Güteraustausch am Ende überflüssig machen würde. Das schließt nicht aus, daß die Schiffahrt des einen oder anderen Landes durch solche Umstellungen des Güterbedarfs mehr oder weniger hart getroffen werden könnte, entweder als Folge der Beanspruchung anderer Tonnagequalität oder gar als Folge einer Vernachlässigung bisher frequentierter Verkehrswege.

Allgemein wird man sagen können, daß, wo auch immer die Spannungen zwischen den Preisen am Verbrauchsort und den Kosten am Erzeugungsort Güterbewegungen ertragreich erscheinen lassen, Verkehre stattfinden werden[2]. Solche Spannungen werden aber im Hinblick auf die Tatsache, daß die Produktionsfaktoren wohl an keinem Ort gleichzeitig in einer den Bedürfnissen entsprechenden Proportionalität vorkommen, stets bestehen bleiben. Bald fehlt es an Rohstoffen, bald an geeigneten Arbeitskräften, bald an Kapital. Immer entsteht das Bedürfnis nach Ergänzung und dadurch entsteht immer wieder ein Bedarf nach Verkehrsmitteln. So scheint Albert Ballin recht zu behalten, wenn er meint[3]: Reiche gehen zugrunde und Individuen, aber nicht die Völker und nicht der Verkehr, den ihre Bedürfnisse und ihre geographische Lage erzeugen.

---

[1] l'Information vom 30. November 1928.

[2] Weber, A.: Allgemeine Volkswirtschaftslehre. S. 339. München u. Leipzig 1928.

[3] Huldermann, B.: Albert Ballin. S. 406.

## B. Angebot und Preisbildung.

### 1. Die Preisforderung des Reeders unter dem Einfluß der Konkurrenz.

Im freien Spiel der Kräfte am Seefrachtenmarkt ist der Anbietende von Laderaum bestrebt, einen möglichst großen Gewinn für sich mit nach Hause zu bringen. Allzu großer Übermut wird sich jedoch schon deshalb nicht durchsetzen können, weil ja neben dem einen Anbieter noch viele andere stehen, die gleichfalls einen möglichst guten Preis, aber auch einen möglichst hohen Beschäftigungsgrad für ihre Tonnage sich sichern wollen. Hierbei machen die Anbieter sich Konkurrenz, und durch die Konkurrenz wird die Intensität des Gewinnstrebens herabgemindert. Den Entschluß, lieber mit geringerem Nutzen zu verchartern als überhaupt nicht zum Zuge zu kommen, wird der Anbietende aber auch deshalb zu fassen bereit sein, weil er ja selbst Bedürfnisse zu decken hat, deren Aufschiebbarkeit begrenzt ist und für deren Befriedigung er die Mittel eben aus seiner Tätigkeit als Reeder gewinnen muß.

Die Konkurrenz durch Mehrung des Angebots ist in der freien Schiffahrt nicht schwierig. Die Gründung einer Trampreederei ist mit keiner unerschwinglich hohen Kapitalinvestition verknüpft. Kosten für Unterbau, wie ihn eine Bahnlinie erfordert, fallen weg. Für Lagerräume, Kais mit Lösch- und Ladeeinrichtungen sorgen andere Anstalten. Die Büroräume der Reederei werden so bescheiden wie möglich gehalten. — Aber es konkurriert um die Ladung nicht das Angebot von Trampschiffsraum allein. Zu diesem hinzu tritt noch das Angebot an Linientonnage. Gewiß ist die Konkurrenz von dieser Seite an Grenzen gebunden. Die größten Schiffe sind nur auf den verkehrsreichsten Routen mit Nutzen zu verwenden. Die weitgehende Vertretbarkeit der kleineren Tramps geht den Schiffen der Linienreedereien mit ihren bestimmten Verkehren angepaßten Laderäumen fast ganz ab. Dennoch konkurrieren diese beiden Formen der Reedereiunternehmung gerade auf den Hauptschiffahrtswegen, und zwar recht heftig. Von den rund 45 Millionen Bushels Weizen, die vom 1. Mai bis zum 1. Dezember 1924 von Montreal nach England verschifft wurden, beförderten die Schiffe der Linienfahrt durchweg auf Grund von Ratenunterbietung 30 Millionen Bushels. Der Rest fiel der Trampschiffahrt anheim[1].

Oft braucht die Linienreederei nicht einmal die Raten zu unterbieten, um die Verlader für ihre Schiffe zu interessieren. Die

[1] Helander: a. a. O. S. 139.

höhere Qualität der Dienstleistungen der Linienschiffahrt wiegt in solchen Fällen mehr als die höhere Rate. Dort, wo Tramps und Linienschiffe um dieselbe Ladung konkurrieren, wird der Trampreeder nur dann den Zuschlag erhalten, wenn die Verschiedenheit in der Tonnagequalität in einer hinreichend großen Ratendifferenz zum Ausdruck kommt.

Spezialschiffe — so will es zunächst scheinen — machen eine Gruppe für sich aus, die nicht mit dem Angebot der übrigen Tonnage konkurriert. Über die Konkurrenzmöglichkeiten, die zwischen den verschiedenen Schiffsgattungen bestehen, äußerte sich eine Autorität auf dem Gebiete des Verkehrswesens, wie Emil Sax, im Jahre 1920 gelegentlich so[1]:

„Jede dieser Schiffsgattungen ist nur für bestimmte Verkehre geeignet und konkurriert nicht um Verkehre anderer Art. Nur in sehr beschränktem Maße und auf indirektem Wege ist ein Übergreifen der Konkurrenz auf der einen in die andere Gruppe möglich."

Inzwischen hat sich aber die Wirklichkeit anders abgespielt. Gerade der letzte Satz verdient heute eine weitgehendere Bedeutung und eine gründlichere Unterstreichung als es 1920 der Autor zu tun wagte. Ein Spezialschiffstyp, wie ihn ein Öltanker vorstellt, scheint zunächst nicht mit den gewöhnlichen Schiffen zu konkurrieren. Tatsächlich konkurriert aber doch das Öl, das ein Tanker trägt, mit der Kohle, die andere Schiffe tragen.

„Privatwirtschaftlich mögen die beiden Schiffsarten nicht konkurrieren, in der ganzen Weltwirtschaft, wo wir die gesamten Verkehrsmittel und die gesamten Verkehrsakte vergleichen, ist ihre Konkurrenz unbestreitbar." (Helander)[2].

Der Konkurrenzkampf um die Ladung erfährt zeitweilig eine lebhafte Verschärfung dadurch, daß Reeder, gestützt auf einen günstigen Frachtvertrag, bei ihren Bemühungen Beiladungen zu erhalten, nicht mehr auf die volle Deckung ihrer Kosten zu sehen brauchen. Sie können das hergebrachte Ratenniveau für die betreffenden Güter unterbieten, ohne selbst Verluste dabei einzugehen. Das ist möglich, weil hier die einzelnen Raten hinsichtlich ihrer Höhe in einem engen Abhängigkeitsverhältnis stehen. Die Kostendeckung erfolgt in diesem Fall durch das Zusammenwirken der verschiedenen Frachtsätze. Die Methode durch „Teilung des Marktes" eine möglichst zweckentsprechende Ausnützung der Tonnage zu erwirken, findet in der Seeschiffahrt nicht nur dort Anwendung, wo die Reeder eine monopolartige Machtstellung innehaben, sondern auch bei der Preisbildung am freien Markt[3].

[1] Sax: a. a. O. S. 226.

[2] Helander, S.: Der Tonnageüberfluß in der Weltwirtschaft. W. A. 2, 85 (1926).

[3] Sax: a. a. O. 2, 225.

So kann z. B. der Frachtsatz, zu dem England bisher mit Getreide versorgt wurde, nur in Verbindung mit den Raten verstanden werden, die die Trampreeder von England ausgehend für Kohlenladung erzielten. Der Rückgang der englischen Kohlenausfuhr muß eine preissteigernde Wirkung auf die Frachten nach England zur Folge haben[1]. — Im Levantedienst hatte sich, von den deutschen Häfen ausgehend, ein Ratenniveau eingespielt, das nur behauptet werden konnte auf Grund der hohen Einnahmen, die das rückkehrende Geschäft, besonders vom Schwarzen Meer her, bot. Nachdem Rußland und Rumänien heute nicht mehr die Bedeutung als Getreidelieferanten wie vor dem Kriege für uns haben[2], und nachdem die russische Ausfuhr aus den Schwarze-Meer-Häfen der Sowtorgflot monopolistisch vorbehalten worden ist, ist eine wichtige Finanzierungsquelle für das gesamte deutsche ausgehende Levantegeschäft gefallen. Die deutschen Reeder sahen sich daher genötigt, am 15. Mai 1929 die Levantefrachten zu erhöhen. Die Erhöhung erfolgte durchschnittlich um 5%. Einzelne Positionen, wie z. B. Röhren, haben eine Steigerung von 40% erfahren[3]. Hier nahm kein Reeder mehr eine Sonderstellung ein, konnte also auch niemand mehr auf Grund einer besonderen Finanzierungsquelle verschärfend in den Konkurrenzkampf eingreifen. Aber nehmen wir einen Fall, wo der Reeder eine gute Ladung für sein Schiff erhalten hat. Die erzielte Rate ist außerordentlich günstig; er könnte sich kaum eine bessere denken; aber — das Schiff hat Leichtgüter geladen, die ihm keine hinreichende Stabilität geben. Um die Seetüchtigkeit des Schiffes nicht zu gefährden, muß der Reeder Schwergüter beiladen. Der Zweck kann durch Übernahme von Ballast, der allerdings keine Fracht zahlt, vollkommen erreicht werden. Aber anstatt gar nichts zu verdienen, wird der Reeder wohl eher geneigt sein, etwas sich für die Beförderung zahlen zu lassen, sofern er nur geeignete Güter für seinen Zweck vorfindet. So dringt er dann verladebereit in den Kampf um die Ladung ein, weit günstiger gestellt als seine Kollegen, die nicht einen so ertragreichen Abschluß zuvor haben tätigen können. Er kann den Wünschen der Verlader am weitesten entgegen kommen, und er erhält den Zuschlag bei einer Rate, die jede Rentabilität für die übrigen Reeder ausschließt. — Handelt es sich um eine regelmäßige Linie und bleibt für diese die günstige Marktposition auf Grund der gutzahlenden Güter bestehen, so werden auf diese Weise

---

[1] Hierzu Helander: a. a. O. S. 51.

[2] Helander: a. a. O. S. 69.

[3] Salinger, H. D.: Die Erhöhung der Levantefrachten. I. u. H. vom 14. Mai 1929.

beträchtliche Mengen Massengüter zu einer Rate aus dem Markte genommen, mit der die hierdurch betroffenen Reeder auf die Dauer nur dann konkurrieren können, wenn ihnen eine ähnlich günstige Kombination von mehr und weniger gut zahlenden Frachten gelingt.

Die sehr bedeutsame Senkung der Frachtraten, die sich gegen Ende des vergangenen Jahrhunderts besonders für Massengüter durchsetzen ließ, wird gewöhnlich mit dem technischen Fortschritt in der Seeschiffahrt in Verbindung gebracht. Niemals hebt man hervor, daß die Kombination mit neuen, höhere Fracht vertragenden Gütern, den Reedereien finanziell das Fundament gab, von dem aus sie um so heftiger um die Massengüter konkurrieren konnten. Es sank die Frachtrate für ein Bushel Weizen von New-York nach Liverpool von $17^1/_2$—$20^1/_2$ Cent im August 1871 auf $6^1/_2$ Cent im Oktober 1882 als Folge der günstigen Einnahmen, die die Dampfer aus Passagierfracht und aus der Kombination mit sogenannten Provisionen[1] hatten.

Gelegentlich ist es Handelsherren von besonderer Tüchtigkeit gelungen, aus der Schiffahrt, die ihnen zunächst nur ein Hilfsbetrieb ihres Handelsgeschäftes war, eine Reederei von Ruf zu entwickeln, und das wurde ihnen auch nur möglich, weil sie nach dem Prinzip der zusammenhängenden Preise ihre Kalkulation machen konnten. Die Tatsache, daß der Betrieb ihrer Schiffe bereits in Verbindung mit ihren eigenen Geschäften genügend rentabel war, machte sie zu Anbietern, die auch bei niederen Raten durchzuhalten vermochten. So ist der Däne Andersen, der als einer der erfolgreichsten Kaufleute, die der moderne Handelsverkehr kennt, geschildert wurde, zur Gründung der „Ostasiatiske Kompagni" in Kopenhagen gelangt. Seine Teakholzwaldungen in Siam gaben ihm den besonderen Vorteil, stets über eigene Ladungen zu verfügen. Von dieser Grundlage aus entwickelte er seine immer mehr wachsende Reederei[2].

Ja selbst der junge Ballin focht den Konkurrenzkampf gegen die Hapag, gestützt auf eine sehr geschickte Vereinigung von Fracht- und Passagierdampfer aus. Auf diese Weise vermochte er den Zwischendeckpreis der Hapag um 38 RM. zu unterbieten und dennoch ein relativ besseres finanzielles Ergebnis zu erzielen, als die Kajütsdampfer, aber auch als die reinen Frachtdampfer[3]. Diesem Kapitel dürfte im vergangenen Jahr die Blue-

---

[1] D. s. Schweine und Rindfleisch in Fässern oder Zinkbüchsen, Schmalz, Butter, Käse; nach Meyer: a. a. O. S. 112 u. 113.

[2] Vgl. Huldermann, B.: Albert Ballin a. a. O. S. 141.

[3] Huldermann, B.: Albert Ballin. S. 13 u. 14.

Star-Line ein neues Exempel beigefügt haben. Die Schiffe dieser Linie waren anfangs mit Gefrierfleischtransporten beschäftigt, die der Blue-Star-Line auf Grund ihrer bedeutenden Interessen an der argentinischen Gefrierfleischindustrie zufielen. Von dieser Geschäftsbasis aus griff sie eines guten Tages auf die Interessensphäre einer der Südamerikakonferenzen über. Sie wußte durch dieses Vorgehen und durch ihre geschickte Propaganda, die ihr Eindringen mit hochqualifizierten Neubauten auch in die Passagierfahrt in Aussicht stellte, sich Aufnahme in die Konkurrenz und damit Zusicherung einer bestimmten Quote am Frachtenverkehr zu sichern[1].

Von welcher Grundlage aus der Reeder Differentialpreise für seine Leistungen bewilligt, kommt auch in einer bestimmten Sprechweise zum Ausdruck. Man spricht davon, daß dieses Schiff von der Kajüte, jenes von der dritten Klasse, noch ein anderes wieder von der Fracht getragen wird.

Van der Borght macht darauf aufmerksam[2], daß für die Preisbildung am Seefrachtenmarkt noch ein spezieller Fall von Konkurrenz eine Rolle spielt. Dieser entsteht dadurch, daß ein und dasselbe Endziel auf zwei verschiedenen oft sogar entgegengesetzten Wegen erreicht werden kann. Wenn hier — sehr oft wenigstens — der längere Weg mit dem kürzeren überlegen zu konkurrieren vermag, so geben die vorhergehenden Ausführungen die Erklärung dazu. Auf dem längeren Weg finden sich öfter Gelegenheiten zur Beiladung. Eine bessere Ausnützung der Räumte, eine günstigere Kombination von gut und weniger gut zahlenden Frachten läßt sich ermöglichen und das macht den Preis pro Einheit der Verkehrsleistung um so viel billiger, daß der auf dem kürzeren Wege mögliche Zeitgewinn demgegenüber nicht mehr ins Gewicht fällt.

Die Wirksamkeit der Konkurrenz verhindert eine Überspannung der Ratenforderung der Reeder nach oben. Nach unten bieten die Kosten, die die Reeder zur Befriedigung des Tonnagebedarfs aufzuwenden haben, die Grenze, unter der sie ihre Preisforderungen auf die Dauer nicht sinken lassen können. Von der Zusammensetzung dieser Kosten soll jetzt die Rede sein.

## 2. Die Preisforderung des Reeders unter dem Einfluß der Kosten.

### a) Die fixen Kosten.

Die Kosten eines Reedereibetriebes zerfallen in fixe Kosten oder, wie man auch sagt, in Kapitalkosten und in Betriebskosten.

---

[1] Hansa **1928**, 1613.

[2] Borght, van der: a. a. O. S. 469.

Die fixen Kosten sind gegeben durch die Beschaffung des festen Kapitals, d. h. der Flotte, der Verwaltungsgebäude usw. und den hieraus entstehenden regelmäßigen Aufwendungen für die Erhaltung und Erneuerung des Flottenbestandes, für Zinsendienst und Amortisation, für Versicherung. In diesem engeren Sinne soll hier der Begriff „fixe Kosten" verstanden werden. In einem weiteren Sinne würde auch auf die Anforderungen des Fiskus als unelastischer Faktor in der Kostenrechnung der Reeder einzugehen sein, und ferner hätte man hervorzuheben, daß auch unter den Betriebskosten gewisse fixe Kosten sich befinden. Man wird z. B. auf Grund des geltenden Rechts Aufwendungen für Gehälter nicht als beliebig leicht veränderliche Ausgaben ansprechen können. Die Kapitalkosten im engeren Sinne erreichen natürlich dort eine besondere Höhe, wo eine Reederei über große eigene Anlagen an Land, über eigene Schlepper- und Leichterflotten verfügt und der Schiffspark selbst aus hochqualifizierter Tonnage besteht. In jedem Fall aber werden die Reeder nur dann mehr fixe Kosten aufzuwenden bereit sein, wenn sich dadurch der Gesamtkostenaufwand günstiger gestalten läßt. Um dieses Ziel zu erreichen, gibt es eine Anzahl von Möglichkeiten.

Die Reeder werden ihre Neubauaufträge an die Werft geben, die ihnen die günstigsten Lieferungsbedingungen gewährt. So ließ Deutschland in der ersten Epoche seiner Großschiffahrt, etwa bis 1879 — aber gelegentlich auch noch später — seine Schiffe in England bauen wegen der größeren „Billigkeit und Schnelligkeit der Lieferung[1]". Heute gehen jedoch die Reeder bestimmter Nationen bei der Vergebung ihrer Aufträge oft von anderen als wirtschaftlichen Überlegungen aus. Die englische Zeitschrift „Fairplay[2]" zitiert hierfür als bezeichnend die Auffassung des managingdirector of the Nippon Yusen Kaisha (Japan), who stated, that although it would cost more to build their new Liners in Japan they f e l t that they were in duty bound to contract with home builders for most of their ships.

Das Bemühen um eine möglichst zweckmäßige Gestaltung der fixen Kosten wurde durch eine Reihe technischer Fortschritte erfolgreich gefördert. Die Entwicklung, die den Reedern hierbei zugute kam, ist gekennzeichnet durch den Weg, der von der Kolbendampfmaschine ausging, von dieser zur Verbundmaschine und später zum Turbinenantrieb führte und der heute beim Dieselmotor angekommen ist. Aber schon ist diesem eine neue Kon-

[1] Lloyd-Zeitung: Die Fortschritte des deutschen Schiffsbaues, mit besonderer Berücksichtigung der Flotte des Norddeutschen Lloyd. Berlin 1909.

[2] Vom 6. September 1928.

kurrenz in der Bauer-Wach-Abdampfturbine entstanden. Jede dieser Neuerungen brachte eine Vermehrung des für Ladungszwecke verfügbaren Nutzraumes mit sich. Sie verringerten die sogenannte tote Last nach zwei Seiten hin. Einmal beanspruchte die Maschinenanlage selbst einen geringeren Raum für sich, und zweitens wurde eine immer kleinere Brennstoffmenge ausreichend.

Der 1875 erbaute Dampfer „Saxonia" der Hapag brauchte für die Strecke Cuxhaven—New York unter Verwendung der Kolbendampfmaschine 1050 t Kohlen. Der Einbau einer zweifachen Expansionsmaschine minderte das Kohlenquantum auf die Hälfte herab. Bei Ausrüstung mit einer dreifachen Expansionsmaschine betrug der Kohlenverbrauch nur noch 312 t. Innerhalb ein und desselben Schiffes wurden auf diese Weise 700 t für die Ladung mehr freigemacht[1]. — Raumgewinne von ähnlichem Umfang innerhalb des Schiffskörpers sind heute durch die Verwendung des Dieselmotors erzielt worden. Nicht nur erspart der Dieselmotor im Wettstreit mit den Dampfturbinen die Aufstellung der Rücklaufturbine, sondern der flüssige Brennstoff kann in den für Verstauung von Gütern anderer Art weniger geeigneten Teilen des Hecks oder des Bugs oder auch im Doppelboden des Schiffes untergebracht werden.

Ferner ließ sich das Verhältnis von Kosten und Nutzen dadurch verbessern, daß sich sowohl das Eigengewicht der Schiffe als auch der Maschinen wesentlich verringern ließ. Gerade das gab der Verwendung von Stahl im Schiffsbau sofort die große Überlegenheit, da sich nunmehr das Eigengewicht des Schiffskörpers beträchtlich vermindern ließ[2], ohne daß die Stabilität des Schiffes darunter litt. Die Schiffsmaschinen der fünfziger Jahre des vorigen Jahrhunderts, verglichen mit den Erzeugnissen der Gegenwart, zeigen gleichfalls eine große Veränderung ihres Gewichts auf. Anfänglich[3] kamen auf eine effektive Pferdekraft 800 kg Eigengewicht. Die britische Fachzeitschrift „The Motorship[4]" behauptet, daß die Hauptmaschinen der Hapagfahrgastschiffe „Milwaukee" und „St. Louis" ein Gewicht von 52 kg pro effektive Pferdestärke gegen gewöhnlich 70 kg haben, und zwar, einschließlich der Kühlluftgebläse. Wie haarscharf hier gerechnet wird, mag noch das folgende Beispiel zeigen. Das M. S. „Duisburg[5]" (Stapellauf am 19. Juli 1928) ist mit einem Simplex-Balanceruder ausgestattet. Für dieses Ruder genügt etwa ein Zehntel der bisherigen Antriebsleistung der Rudermaschine. Neben dieser ganz außerordentlichen

[1] Sax: a. a. O. **2**, 186.
[2] Sax: a. a. O. **2**, 182.
[3] Errechnet nach Sax: **2**, 185.
[4] Zit. nach Hansa **1928**, 1388.
[5] Wir folgen dem Bericht der Hansa vom Oktober 1928.

Kraftersparnis ist auch eine beträchtliche Gewichtsersparnis zu verzeichnen, die für ein Schiff wie die „Duisburg“ etwa 21 t beträgt, zu der noch ein Deplacementsgewinn des als Verdrängungsruder ausgebildeten Ruderkörpers tritt.

Man hat es nicht dabei bewenden lassen, nur durch Zurückdrängung der toten Last mehr Laderaum nutzbringend verwenden zu können. Es ist mit Erfolg eine Steigerung der Schiffsgrößen durchgesetzt worden. Die Größensteigerung ist mit einer Reihe ökonomischer Vorteile verbunden.

Die Baukosten erfahren mit zunehmender Schiffsgröße eine Verminderung pro Einheit des Fassungsraumes. Man kann z. B. für 4000 £ zwei Dampfer je 2000 t in Auftrag geben. Man kann aber auch gleichfalls für 4000 £ einen Dampfer von 4700 t bauen lassen. Das größere Schiff bedeutet demgemäß eine Ersparnis an festen Kosten. Sodann wachsen die Verwaltungskosten, die Personal- und Brennstoffkosten nicht im gleichen Verhältnis zur Schiffsgröße. Die Erfahrung hat gezeigt, daß es bei einer Verdreifachung des Raumgehaltes eines Schiffes nur einer Verdoppelung der Maschinenkraft bedarf, um das vergrößerte Schiff mit derselben Geschwindigkeit wie das kleinere, fahren zu lassen[1]. Bei einer Geschwindigkeit von 10 Seemeilen die Stunde weist der 18000-t-Dampfer gegenüber dem 6000-t-Schiff eine Ersparnis von 30% auf[1]. Das größere Schiff erlaubt daher auch die Ausführung der Transporte zu wohlfeileren Preisen. Um sich in den Genuß des Vorteils eines größeren Schiffes zu bringen, lassen Reedereien gelegentlich einige ihrer Schiffe verlängern[2]. Das Gesamtergebnis der ökonomischen Vorteile der Größensteigerung hält Sax in diesem Beispiel fest: 1887 transportierten, nach französischen Angaben, die Kohlendampfer von 2000—3000 t eine Tonne Kohlen auf 1000 Meilen mit $8^1/_2$ Knoten Stundengeschwindigkeit für einen Frachtsatz von 40 Cents. Gegenwärtig (1920) vollführt ein Kohlenschiff von 10000—12000 t mit 10 Knoten Geschwindigkeit dieselbe Leistung für 30 Cents.

Die Vergrößerung der Schiffstypen läßt sich jedoch nicht mit zunehmendem wirtschaftlichen Erfolge bis ins Aschgraue fortsetzen. Schließlich muß mit der Vergrößerung des Schiffskörpers auch die Maschinenkraft verstärkt werden, vor allem dann, wenn das Schiff auf größere Geschwindigkeiten gebracht werden muß. Die größere Maschine verlangt wiederum mehr Bedienungspersonal,

[1] Sax: **2**, 178/179 ff.

[2] So der Lloyd in den 90er Jahren. 1927/28 gab die Stettiner Dampfer-Compagnie mehrere Aufträge zur Verlängerung von Dampfern. Hansa vom 22. September 1928.

eine größere Menge an Betriebsstoffen, die nur auf Kosten von Nutzraum mitgeführt werden können. Jene Raumgewinnung und Personalersparung, die durch Verwendung von Dieselmotoren als Schiffsantriebsmaschinen möglich ist, kommt gerade für größte Typen nicht in Betracht[1], denn hier hat sich noch immer die Dampfturbine in Verbindung mit hochgespanntem Dampf behauptet.

Um die Schiffsgeschwindigkeit z. B. um 31% steigern zu können, müssen an Kosten 84% mehr aufgewendet werden[2]. Versuche[3], die 1903 von einem englischen Kriegsschiff ausgeführt wurden, um festzustellen, in welchem Verhältnis der Kohlenverbrauch mit der gesteigerten Schnelligkeit zunimmt, fielen auch in diesem Sinne aus. Neuere Daten liegen nicht vor. Doch ist es wohl unbestreitbar, daß man hier von einem Gesetz abnehmenden Ertrages sprechen darf. Nur innerhalb eines engen Spielraumes ist die Steigerung der Verkehrsleistungen ohne entsprechende Steigerung der Kosten möglich. Dies gilt jedoch nur bei gleichbleibendem Stand der Technik. Gelingt es mit Hilfe des technischen Fortschritts die Schiffsgeschwindigkeit in Grenzen, die wirtschaftlich tragbar sind, zu steigern, so bedeutet das, daß nun ein und dasselbe Schiff mehr zu leisten vermag. Auch Geschwindigkeitssteigerung muß in diesem Fall in einer fühlbaren Ersparnis an Kapitalkosten sich auswirken.

Zu den Kapitalkosten sind ferner die Rücklagen zu rechnen, die die Erhaltung und Modernisierung des Schiffskapitals regelmäßig verlangen. Schon 1858 wies die Hapag neben dem allgemeinen Reservekonto noch ein Reservebaukonto in ihrer Bilanz aus, um für die wiederkehrenden Erneuerungspflichten jederzeit vorbereitet zu sein[4]. Begreiflicherweise wollen die Reeder durch Aufwendung für Reparaturen möglichst selten belastet werden, um auch hier an Kosten zu sparen. Das gelingt am ehesten durch Verwendung erstklassigen Materials für den Bau des Schiffes. Die Erhaltungskosten sind — wie Sax es nennt — durch richtige Ökonomie der Dauergüter gering zu halten. Die Erzielung größtmöglicher Dauerhaftigkeit erhöht die Nutzungsdauer der Schiffe. Allerdings bringt die Wahl besserer Materialien nicht selten eine Steigerung der fixen Kosten mit sich. Als man z. B. die Stahlschraube durch eine Schiffsschraube aus Bronze ersetzte, hatte man hierfür die dreifachen Kosten aufzuwenden. Man zog dennoch

---

[1] Weltverkehr 1927. D. A. Z. vom 4. Januar 1928.

[2] v. Zwiedineck-Südenhorst: a. a. O. S. 630.

[3] Guckenmuß, F.: Die Unterstützung der französischen Handelsmarine durch Prämien. S. 133. Hamburg 1914.

[4] Himer: a. a. O. S. 42.

diese größere Kapitalsinvestition vor, da die Manganschraube eine weit längere Nutzungsdauer hat, viel an Kosten für Auswechslung erspart wird und auch eine größere Fahrtgeschwindigkeit mit solch einer Schraube zu erzielen ist. Gegenüber dauernden Reparaturen bedeutete die einmalige Mehraufwendung am rechten Ort das kleinere Übel.

Die Frage der richtigen Materialverwendung hat gegenwärtig in den Kreisen der Tankschiffahrt erneut an Aktualität gewonnen. Es hat sich herausgestellt, daß die Tanker unter chemischen Einflüssen ihrer Ladung in starkem Maße Rostwirkungen ausgesetzt sind[1]. Hieraus und aus dem Umstande, daß Tankschiffe ihre Routen meistens ohne längere Hafenpause ununterbrochen befahren, ergibt sich eine verhältnismäßig kurze Lebensdauer dieser Schiffe. Schon nach einer Fahrzeit von 12—16 Jahren erfordern die notwendig werdenden Reparaturen solche Kosten, daß ihre Aufwendung unwirtschaftlich wird. Es ist daher angeregt worden — so in England — weniger leicht rostenden Stahl zu verwenden. Im amerikanischen Schiffsbau ist man bereits dazu übergegangen, dem Stahl für den Bau von Tankschiffen einen Gehalt von 0,3% Kupfer zuzusetzen. Man scheint also auch hier die einmalige Aufwendung kostspieligeren Materials der regelmäßigen Einstellung größerer Abschreibungen und Reparaturrücklagen in die Bilanz als die wirtschaftlich zweckmäßigere Lösung der Frage vorzuziehen.

Aber auch wenn man die Materialqualität, die der Reeder für den Bau seiner Schiffe wählt, einmal ganz außer acht läßt, bleibt es doch von großer Wichtigkeit, die Nutzungsdauer des Schiffes im voraus übersehen zu können, denn dann erst wird der Reeder die Abschreibungsquote in der wirtschaftlich richtigen Höhe ansetzen können. Wie das zuletzt angeführte Beispiel zeigt, ist auch in der Gegenwart die Nutzungsdauer des Schiffes keineswegs immer eine unbedingt bekannte Größe, wenn auch dieser Faktor heute mit weit größerer Sicherheit in die Rechnung des Reeders eingestellt werden kann, als es z. B. zur Zeit des Holzschiffbaues möglich war. Sehr empfindlich gegen Einfluß von Nässe und Hitze, konnten diese Schiffe durch Formveränderungen plötzlich unbrauchbar werden. Die Unsicherheit in der Gebrauchsdauer des Schiffes machte dem Reeder eine genaue Kalkulation in bezug auf Abschreibungen usw. unmöglich. Er mußte daher einen größeren Gewinnzuschlag verlangen, der in höheren Transportsätzen zum Ausdruck kam[2].

---

[1] W. D. **1930**, H. 30.

[2] Sax: a. a. O. **2**, 181.

Zu den Kapitalkosten müssen auch die Versicherungsprämien gerechnet werden, die regelmäßig zu leisten sind und womit die Reeder das Risiko ihrer Unternehmungen auf eine breitere Basis zu stellen vermögen. Der Umfang dieses Risikos stellt sich im Vergleich mit der Schiffahrt vergangener Jahrhunderte als minimal dar. Die Materialverbesserung — Stahl statt Holz —, die übrigen technischen Fortschritte im Schiffsbau, die Entwicklung der Telegraphie, die staatliche Förderung der Sicherheit des Seeverkehrs durch entsprechende Markierung der Fahrstraßen (Feuerschiffe, Leuchttürme), durch Einrichtung von Sturm- und Seewarten, durch Sorge für geeignete Ausbildung des Schiffspersonals — haben das Risiko wesentlich eingeschränkt. Internationale Abmachungen sind getroffen worden über Ausweichen auf See, über Positionslaternen, Nebelsignale, Fahrtgeschwindigkeit im Nebel usw.[1].

Aber nicht diesen das Risiko in der Schiffahrt mindernden Fortschritten allein ist es zuzuschreiben, wenn heute wesentlich niedere Versicherungsprämien bezahlt werden als noch vor 100 Jahren. Wozu sollten denn die Reeder von den neueren, aber oft kostspieligeren Baumethoden so gewissenhaft Gebrauch machen, wenn man sich gegen jeden Schaden versichern konnte? Sie spekulierten einfach auf Totalverlust, auf Untergang ihres Schiffes mit Mann und Maus und so auf Auszahlung der ganzen versicherten Summe. Diesem Übelstande wurde durch Begründung von Klassifizierungsgesellschaften abgeholfen. Als solche wurde 1868 der „Germanische Lloyd" gegründet, der heute als gemeinnützige AG. seinen Sitz in Berlin hat. Dieses Institut erläßt und überwacht Vorschriften über den Bau der Schiffe. Er schreibt z. B. vor, daß Schiffe für Erz oder ähnliche schwere Ladungen besonders verstärkt sein müssen. Er erläßt Vorschriften für die maschinellen Einrichtungen, für elektrische Anlagen an Bord, stellt Grundsätze auf für Prüfung von Gußeisen, Schrauben, Ladegeschirre inkl. Winden usw. Je nachdem ein Schiff diesen Anforderungen genügt, wird es in eine bestimmte Klasse eingereiht und dieser Klasse entsprechend wird die Höhe der Versicherungsprämie festgesetzt. Nach der Begutachtung durch ein Klassifizierungsinstitut ist eine Übervorteilung des Reeders durch die Seeversicherung fast ausgeschlossen. Das infolge von Qualitätssteigerung der Tonnage geminderte Unternehmerrisiko findet in der Senkung der Versicherungsprämie einen direkt greifbaren, wirtschaftlichen Vorteil.

Die Entwicklung der Versicherungsprämien als Folge der oben gekennzeichneten Ursachen prägt sich in folgenden Schätzungen

[1] Vgl. Wörterbuch der Volkswirtschaft von Elster. Art. Schiffahrtspolitik von van der Borght. Jena 1898.

Sombarts anschaulich aus. Es handelt sich um durchschnittliche Beträge[1].

| | |
|---|---|
| Frühe Zeit (bis Ende 17. Jahrh.) | 8—10% |
| Ende der frühkapitalistischen Epoche | 3—5% |
| Gegenwart | 0,5% |

Diese Daten verlocken zu der Auffassung: die Kosten für die Seeversicherung machten heute eine Bagatelle aus. Sie könnten bei der Preisbildung unmöglich eine wesentliche Rolle noch spielen. Dem ist nicht so. Es gibt Beispiele, wo tatsächlich die Versicherungskosten, unter der Voraussetzung, daß alle anderen Kosten gleichbleiben, maßgebend dafür werden, ob ein Räumteangebot am Markt zu lohnenden Bedingungen noch untergebracht werden kann oder nicht.

Im Nord-Ostsee-Frachtenbericht der „Hansa" vom 8. September 1928 wird hervorgehoben, daß in Anbetracht der ungünstigen Lage auf dem Ostsee-Frachtenmarkt der Weißmeer-Markt ein angenehmes Gegengewicht zu bieten vermocht hätte. „Aber auch dieses wird nur mehr einige Wochen der Fall sein, da die deutschen Dampfer bereits nach dem 8. Oktober Extraversicherung infolge der Eisverhältnisse zu zahlen haben." In Anbetracht der Konkurrenz jener von dieser Maßnahme nicht betroffenen Schiffe können die deutschen Reeder keine ihre gesteigerten Kosten ausgleichende Rate durchholen. — Die vorgeschrittene Winterzeit — so schreibt der Wirtschaftsdienst in seinem Weltfrachtenmarkt-Bericht vom Dezember 1928[2] — schränkte die Geschäftstätigkeit in Südfinnland und Leningrad erheblich ein; wenn sich aber auch hier bereits im Anfang des Monats erheblicher Ladungsmangel bemerkbar machte, so wurden doch die Raten davon kaum merklich berührt, da Tonnage sehr sparsam angeboten wurde. Das ist teilweise darauf zurückzuführen, daß deutsche Dampfer auf Grund ihrer Versicherungsbedingungen nach diesen Häfen nicht mehr fahren durften.

Die Kosten der Versicherung sind nicht immer aus der Prämie oder aus dem Eiszuschlag allein zu erkennen. Oft wird für die Fahrt durch gefahrvolle Gewässer die Beachtung besonderer, kostspieliger Vorschriften seitens der Versicherung zur Bedingung gemacht. Ein Beispiel hierfür bietet die sogenannte Schärenfahrtklausel, nach der die Versicherung nur haftet, wenn auf der Fahrt durch die norwegischen Schären das Schiff mit zwei von ihr approbierten Lotsen fährt[3]. — Ein Kenner der Verhältnisse weiß jedoch,

---

[1] Zit. bei Helander u. Haslinger: a. a. O. S. 348.

[2] W. D. **1929**, Nr 1.

[3] Die Seeversicherung im Jahr 1928. Hansa vom 1. Januar 1929.

daß in dem Vorhandensein von Gefahrzonen nicht die primäre Ursache dieser Kostensteigerung für die Reeder zu erblicken ist. Der eigentliche Grund ist in der mangelhaften Qualität des Menschenmaterials zu suchen[1]. Die Schiffer haben nicht die Vorsicht geübt, die in jenen Gewässern am Platze war; sie sind leichtsinnig auf „Teufel-komm-heraus" gefahren. Darin liegt in diesem Falle der tiefere Grund für die Verteuerung der Transporte.

### b) Betriebskosten.

#### 1. Spezielles, mit der Fahrt verbundenes Risiko.

Nicht gegen jedes Risiko, das aus dem Betriebe eines Reedereiunternehmens entspringt, kann der Reeder sich durch Versicherung schützen. Es verzögert sich z. B. auf Grund irgendwelcher Machenschaften die Aufenthaltsdauer der Schiffe in bestimmten Häfen immer wieder und in einem im voraus ganz unberechenbaren Ausmaß über die vorgesehene Zeit hinaus. Hierdurch entstehen dem Reeder mehr Kosten, oft sogar Verluste, gegen die er sich nicht versichern kann. Er wird daher versuchen, bei der Preisbildung eine entsprechende Risikoprämie durchzusetzen.

Drei Umstände vor allem bewirken durch ihren Eintritt immer wieder, daß der Hafenaufenthalt der Schiffe oft eine ganze Zeitlang auf im voraus unberechenbare Dauer verzögert wird. 1. Selbst ein sehr modern ausgestatteter Hafen kann unter besonderen Umständen wegen Überfüllung nicht den Anforderungen sofort genügen. Die neu angekommenen Schiffe müssen auf der Reede mehrere Tage warten. 2. Ein Streik der Hafenarbeiter ist ausgebrochen. 3. Die Hafeneinrichtungen lassen zu wünschen übrig. Daher wird die Abfertigung der Schiffe unverhältnismäßig hinausgezögert.

Diese auf solche Art herbeigeführten Verzögerungen bedeuten für den Reeder Erhöhung seiner Kosten. Was bleibt den Reedern in diesem Fall zu tun übrig?

Der bereits angedeutete Versuch zur Ratensteigerung wird unternommen, sobald die Fahrt nach bestimmten Häfen für den Reeder mit einem besonderen Risiko verknüpft ist. Ein Reeder allein wird sich nun aber mit dem Bestreben, höhere Raten durchzuholen, nicht durchsetzen können. Die Ratensteigerung am freien Markt geht dann gewöhnlich so vor sich, daß durch die gleichzeitige Stauung von Schiffsraum in verschiedenen Häfen an anderen Plätzen Tonnageknappheit im Verhältnis zur Nachfrage

---

[1] Hansa vom 1. Januar 1929, S. 46; vgl. hierzu Helander: a. a. O. S. 307.

eintritt. Die Reeder gelangen so marktmäßig in eine günstigere Position, die ihnen höhere Sätze zu erzielen erlaubt. Dort, wo die Reeder sich zu einer Konferenz zusammengeschlossen haben, wird ein entsprechender Konferenzbeschluß herbeigeführt; aber auch das kann nicht ohne Rücksicht auf die Konkurrenz — wie gleich zu zeigen sein wird — geschehen.

Der Streik der finnischen Hafenarbeiter war der größte Schlag, den die Reeder im Nord-Ostsee-Frachtengeschäft im Jahre 1928 auszuhalten hatten. Die Abfertigung der Dampfer beanspruchte die doppelte und dreifache Zeit. Für die Verstauung der Ladung mußten um 25% höhere Sätze bezahlt werden. Diese Steigerung der Kosten führte allmählich zu einer Festigung der Raten auf einer höheren Basis. Während im Dezember 1927 von Südfinnland nach London 41/— bis 47/— bezahlt wurden, war die korrespondierende Rate für 1928 53/6 bis 55/—[1]. Aus diesen Zahlen blinkt deutlich die Tendenz — aber auch nur die Tendenz — zur Weiterwälzung des Risikos hervor.

Eine andere Fahrt, die in Reederkreisen recht wenig beliebt ist, ist die Fahrt nach Australien. Auch hier sind die Reeder immer wieder Verlusten durch häufige Streiks der Hafenarbeiter ausgesetzt. Folgende Sätze aus einem Bericht über Australien[2] kennzeichnen die Einstellung besonders jener Arbeiter, auf deren Mitarbeit die Reeder angewiesen sind: Australien wurde von jeher als das Eldorado der Arbeiter bezeichnet. Ein australischer Arbeiter verdient 24 Schilling pro Tag; es gibt auf der Welt keine Arbeiterschaft, die noch geruhsamer und noch weniger hastig arbeitet als der Australier. Alle zwei Stunden offizielle smoke-time von einer Viertelstunde; lange Eßpausen und lange Umkleidezeiten. Do not get nervous, Mister Mate, we don't kill ourselves, das ist dort Devise.

Von den vielen typischen Fällen, die sich in australischen Häfen unter dem Regime der Arbeiterunions ereigneten, sei einer hier angeführt, aus dem besonders deutlich hervorgeht, welchen Erschwerungen die Reeder in der Australfahrt ausgesetzt sind. Ein Schiff[3], mit Zucker von Java kommend, liegt sechs Wochen untätig auf der Reede von Melbourne. Das bedeutet für den Reeder einen Verlust von mehreren hundert Mark täglich. Die Zeit wird ausgefüllt mit Verhandlungen darüber, ob die Ladung gelöscht werden soll oder nicht. Die Sanitary and Health-Kommission — eine von

---

[1] Hansa vom 1. Januar 1928, S. 39. Vgl. auch dort Schiffahrtsfragen in Handelskammerberichten. S. 90.

[2] Hansa vom 22. September 1928, Australien.

[3] Hansa vom 22. September 1928.

der Hafenarbeiterschaft gegründete Commission — hat für „nein“ entschieden, denn der Zucker ist in Säcken von 200 Pfund verladen, während das Höchstgewicht nur 150 engliche Pfund betragen darf. Das Schiff mußte mit voller Ladung wieder nach Java zurücksegeln.

Unter diesen Umständen haben die Reeder wiederholt angeregt, die Frachten zu erhöhen. Es ist aber niemals recht Ernst damit gemacht worden. Warum nicht? Die Konkurrenz ist zu groß. Jede Erhöhung der Frachtrate um einen Betrag, der dem großen Risiko voll gerecht würde, würde unterboten werden bei der großen Zahl von Reedern, die dort ihre Tonnage anbietet. Im Februar 1929 hat auf Anregung der australischen Regierung eine Aussprache über die Situation in den australischen Häfen zwischen Vertretern der Australkonferenz mit australischen Ex- und Importeuren und der australischen Regierung selbst stattgefunden. Bei dieser Gelegenheit wiesen die britischen Linienreedereien, die etwa ein Drittel der in der regulären Australienfahrt beschäftigten Tonnage besitzen, nach, daß die Gesellschaften in den letzten drei Jahren schwere Verluste in der Australfahrt erlitten haben. Um diese Verluste auszugleichen, wäre eine Ratenerhöhung um durchschnittlich 7% notwendig. Der eigentliche Zweck der Besprechungen war jedoch, wie man ohne Ratenerhöhung den Vorstellungen der Reeder gerecht werden könnte. Es besteht Aussicht, daß die australische Regierung ihre vielen Abgaben in den Häfen reduzieren wird[1].

Ein letztes, aber nicht minder interessantes Beispiel für das Bestreben, mit der Risikosteigerung auch den Preis zu steigern, bietet das Vorgehen der Association of West-India Trans-Atlantic Steam Ship Lines. Die Abfertigung im Pto. Columbia ist außerordentlich schlecht. Selbst Schiffe mit geringer Ladung werden dort manchmal bis zu drei Wochen aufgehalten. Die Association of West-India Trans-Atlantic Steam Ship Lines hat daher beschlossen, einen Aufschlag von 15% auf die Nettofracht nach Pto. Columbia solange zu erheben, bis die Entlöschungsverhältnisse wieder normal sind. Aber — und das ist beachtenswert — für Verschiffungen von Zement, Stacheldraht und Stangeneisen gelangt dieser Aufschlag nicht zur Anwendung[2]. Man kann also auch hier nur von einer Tendenz zur Abwälzung des Risikos sprechen. Absolut für jede Warengattung vermag sich dieses

---

[1] W. D. **1929**, 809. Zur gleichen Frage siehe W. D. **1929**, 295 u. 377.

[2] I. u. H. vom 30. Oktober 1928. — Herr Dipl.-Ing. R. Heine, Bogotà (Kolumbien) bestätigte gelegentlich eines Vortrags in München (Juni 1928) den unglaublichen Zustand der Hafenabfertigung in Pto. Columbia.

Bestreben nicht durchzusetzen. Es würden sich die Verlader sonst den Konkurrenzdampfern zuwenden.

## 2. Kosten für Betriebsstoffe.

Einen wichtigen Faktor der Betriebskosten machen die Ausgaben für die Betriebsstoffe der Schiffsmaschine aus. Der Wirtschaftlichkeitsgrad, der hierbei erreicht werden kann, wird in hohem Maße auch abhängen von der Qualität der Leute, die die Feuerung zu bedienen haben. Ein gut geschultes, wohldiszipliniertes Personal ist für diesen Zweck unentbehrlich. Der Reeder kann seinerseits den Arbeitseffekt dieses Personals beeinflussen durch die Güte und die Art des Heizstoffes, den er für seine Schiffe auswählt. Bekanntlich ist der Heizwert der englischen Cardiff-Kohle sehr groß[1]. Schiffe, die mit der ergiebigeren Heizkraft fahren, erzielen eine größere Schnelligkeit, gestatten daher eine häufigere Ausnutzung ihrer Räumte.

Die Kostenrechnung des Reeders erleidet jedoch Schwierigkeiten dadurch, daß die Preisbildung für Bunkerkohlen sowohl wie für Heizöl Schwankungen ausgesetzt ist. Der Reeder kann sich vor diesen Preisschwankungen schützen, indem er z. B. mit seinem Kohlenlieferanten langfristige Kontrakte eingeht. Er kann dann auf längere Zeit mit einem festen Kontraktpreis, der oft sogar etwas unter dem Marktpreis liegt, rechnen. Dieses Hilfsmittel kommt aber meistens für die Trampschiffahrt nicht in Betracht. Der Tramper sieht ja gerade seine Überlegenheit in einem möglichst großen Grad von Beweglichkeit. Er sucht jene Märkte auf, die ihm gerade Gewinn bringen und ist auf die Kohlen, die sich dort vorfinden, angewiesen[2]. Ist die Trampfahrt den Wechselfällen der Kohlenpreisbildung ausgesetzt, so kann doch wenigstens dafür Sorge getragen werden, daß Materialverluste bei der Übernahme von Kohle erspart bleiben. Es werden darum die Kohlenpforten, die zu den Bunkerräumen führen, dicht oberhalb der Wasserlinie angebracht. Die Kohlen können so auf dem kürzesten Weg von den Kohlenkähnen übernommen werden.

Man schätzt, daß die Brennstoffkosten bei einem Trampdampfer ein Fünftel der gesamten Betriebskosten ausmachen[3].

---

[1] Der Dampfer „Armadale Castle“ der Union Castle Line verspätete sich auf der Reise von Southampton nach Kapstadt (Juni 1926) um einen Tag. Die Schiffsleitung erklärte die Verspätung damit, daß man infolge des Kohlenstreiks mit deutschen statt mit englischen Cardiff-Kohlen hätte fahren müssen. (Gemäß eines Berichts, den mir Mrs. Margaret Honey-Aston, London, am 2. Juli 1926 von Bord des Dampfers sandte.)

[2] Sax: **2**, 212.

[3] Sax: a. a. O. **2**, 210.

Die Kosten für dieses eine Fünftel sind oft entscheidend dafür, ob der Reeder sein Angebot noch mit Gewinn machen kann oder nicht. Als nach Beendigung des englischen Kohlenstreiks das Ratenniveau von 169,1 im November 1926 auf 118,6 im Januar 1927 und später noch tiefer fiel[1], gelang den Tramps die Anpassung an die neue Marktlage nur dadurch, daß auch die Bunkerkohlen im Preise im gleichen Tempo zurückgingen und noch billiger wurden, als sie es vor dem Streik gewesen waren[2]. In Angier's Steam Shipping Report[3] für 1927 heißt es hierzu: The sheapness of bunker coals has enabled the bulk of the tramp tonnage to continue to run, though at a margin of profit so meager that it was not seldom reported that some of the more conservative owners had laid up one or more of their wessels.

Nicht immer wird den Reedern durch solche Parallelbewegung zwischen Kosten und Raten die Umstellung auf neue Marktverhältnisse so leicht gemacht. Erhöhte Preise für Kohlen können nicht immer auf die Frachtraten abgewälzt werden. In einem solchen Falle kann der Schiffahrtunternehmer sich helfen, indem er seine Schiffe langsamer fahren läßt, um auf diese Weise an Brennmaterial zu sparen und sich einen Gewinn zu erwirtschaften. Dieser Ausweg ist jedoch nur dann möglich, wenn die Ware eine längere Transportdauer verträgt.

Als eine Folge der Kohlenpreissteigerung kann sich aber auch Verwendung flüssiger Brennstoffe ergeben[4]. Zu der Frage, ob Öl oder Kohle als Antriebsstoff wirtschaftlicher ist, haben öfter Sachverständige sich geäußert. In letzter Zeit formulierte ein englischer Sachverständiger auf diesem Gebiete das Ergebnis seiner Erfahrungen so[5]: „Für größere Geschwindigkeiten, sagen wir über 11 Knoten, hat der Dieselantrieb entschiedene Vorteile. Für Geschwindigkeiten darunter habe ich gefunden, daß mit Kohle günstigere Resultate zu erzielen sind. Der entscheidende Faktor ist nicht Öl oder Kohle, sondern der Preisunterschied zwischen beiden.“ Daß der Preisunterschied den letzten Ausschlag gibt, dürfte auch die Ansicht sein, die in dieser Frage von der Hapag vertreten wird. Denn der Dienst nach der Westküste Nordamerikas durch den Panamakanal ist neben der Ostasienfahrt derjenige Betriebszweig der Hamburg-Amerika-Linie, in dem die meisten

---

[1] Frachtenindex des „Economist“. Statist. Jb. dtsch. Reich **1927** u. **1928**.
[2] Weltfrachtenmarkt 1926. Hansa vom 1. Januar 1927 und Sönnichsen, Th. E.: Der Weltfrachtenmarkt in 1927. Hansa vom 1. Januar 1928.
[3] Fairplay vom 5. Januar 1928.
[4] Sax: a. a. O. 2, 213.
[5] Hansa, Juni 1928, S. 975.

Motorschiffe Verwendung finden[1]. Ein Blick auf eine Preistafel für Kohle und Öl[2] bestätigt, daß auf beiden Routen das Preisverhältnis zwischen Kohle und Öl für Verwendung des flüssigen Brennstoffes spricht.

Preise und Preisverhältnisse für Kohle und Treiböl.

| Jahr | Kohle | Öl | % | Kohle | Öl | % |
|---|---|---|---|---|---|---|
| | in San Franzisko $ | | | in Honolulu $ | | |
| 1927 I. . . . | | 7,72 | 88 | | 9,30 | 76 |
| II. . . . | | 7,14 | 82 | | 10,00 | 77 |
| III. . . . | 8,75 | 7,72 | 88 | 13,00 | 10,00 | 77 |
| IV. . . . | | 7,15 | 82 | | 9,90 | 76 |
| 1928 I. . . . | | 7,15 | 82 | | 9,12 | 70 |
| II. . . . | | 7,15 | 82 | | 9,00 | 90 |
| | in New York $ | | | in Sidney sh | | |
| 1927 I. . . . | 6,12 | 14,40 | 235 | | 85/— | 277 |
| II. . . . | 5,75 | 13,80 | 240 | | 85/— | 277 |
| III. . . . | 5,70 | 12,90 | 226 | 30/6 | 85/— | 277 |
| IV. . . . | 5,65 | 12,60 | 223 | | 85/— | 277 |
| 1928 I. . . . | 5,75 | 12,60 | 222 | | 80/— | 262 |
| II. . . . | 5,50 | 12,00 | 219 | | 82/— | 270 |

Die Tabelle zeigt, daß der Preisunterschied zwischen den beiden Brennstoffen nicht absolut zu bestehen braucht. Bei einem Preis für den flüssigen Brennstoff, der den für Kohle um ein Beträchtliches übersteigt, machen sich immer noch die vielfachen Vorteile des Öls gegenüber der Kohle geltend.

Die allerjüngste Zeit hat auf dem Gebiete der Verbilligung der Antriebskosten weitere beachtenswerte Fortschritte gebracht.

Es handelt sich um die Versuche mit Kohlenstaubfeuerung auf Schiffen, um die mit der Bauer-Wach-Abdampfturbine gemachten Erfahrungen und um die Verwendung von Hochdruckanlagen in der Seeschiffahrt.

Eine Probe mit Kohlenstaubfeuerung zeigte folgendes Ergebnis[3]: In einem mit Brennern des Systems Powdered Tuel Limited ausgestatteten Zylinderkessel wurden 210 kg Kohlen mit einem Wirkungsgrad von 60% verbrannt. Bei Kohlenstaubfeuerung wurden 150 kg Kohlen verbrannt mit einem Wirkungsgrad von 80%. Für die Verbilligung ist noch zu beachten, daß zur Kohlenstaubberei-

[1] Deutschlands Großschiffahrt 1928: Die Motorschiffsflotte der HamburgAmerika-Linie (siehe Literaturverzeichnis).

[2] Hansa vom 22. September 1928; Preise für Kohle und Treiböl aus 11 Häfen und Preisverhältnisse.

[3] Hansa, August 1928, S. 1355.

tung minderwertige Kohle benutzt werden kann. Hieran knüpfte man in Amerika die Hoffnung, daß unter den gegenwärtigen (1927) Preisverhältnissen von Öl und Kohle die Brennstoffkosten der Kohlenstaubfeuerung sich niedriger stellen würden als die Brennstoffkosten von Motorschiffen[1]. — Die „Blue-Star-Line" hat mit der Verfeuerung von pulverisierter Kohle auf ihrem Dampfer „Stuartstar" so gute Erfahrungen gemacht, daß sie denselben Dampfer mit einem zweiten Kessel zum Verbrauch von Kohlenstaub ausrüsten und einen zweiten Dampfer für den gleichen Zweck umbauen ließ[2]. Versuche, die auf der amerikanischen Staatswerft in Philadelphia im Beisein von Vertretern der amerikanischen Flotte und des Shipping board gemacht wurden, zeigten, daß die Verwendung von Kohlenstaubfeuerung für normale Schiffszylinder möglich ist[3]. In Deutschland war es der Norddeutsche Lloyd, der im Juni 1929 auf seinem neuen Frachtdampfer „Donau" (12140 t) einen Versuch mit einer AEG. Chapman-Kohlenstaubfeuerung machte. Der Direktor der Nautisch-Technischen Abteilung des Norddeutschen Lloyd, Diplominng. Koch, äußerte sich gelegentlich über die Ergebnisse dieses Versuches[1] recht günstig, ohne damit jedoch ein endgültiges Werturteil über die neue zur Zeit noch in der Entwicklung begriffene Feuerungsmethode abgeben zu wollen. Immerhin wird man auf folgende drei Vorteile der Kohlenstaubfeuerung abheben dürfen. 1. Es kann eine größere Durchschnittsgeschwindigkeit erzielt werden, denn bei dem Entschlacken der handgefeuerten Kessel läßt sich die Leistung des kohlenstaubgefeuerten Kessels so steigern, daß ohne weiteres der Dampfdruck konstant gehalten und dadurch eine gleichmäßige Fahrt erzielt werden kann. 2. Es kann gespart werden an Personal, als Folge der Anordnung von selbsttrimmenden Bunkern und wegen des Fortfalls der Handfeuerung. 3. Es kann gespart werden a) an Ausgaben für Betriebsstoff, sofern schlechtere Kohlensorten zu entsprechend billigeren Preisen zu haben sind, b) an Betriebsstoff überhaupt, da unter Verwendung einer geringeren Kohlenmenge ein höherer Kesselwirkungsgrad (bei dem deutschen Versuch 81,5%[1]) zu erzielen ist.

Mit der Betriebssicherheit an Bord wurden befriedigende Erfahrungen gemacht.

---

[1] Hansa, Februar 1927, S. 389; vgl. auch Lloyds Register of Shipping, Geschäftsbericht für 1927/28 in Hamburger Fremdenblatt vom 31. Okt. 1928.

[2] I. u. H. vom 4. Oktober 1928 und 26. September 1928; siehe auch Hansa vom 5. Januar 1929, Großbritanniens Schiffahrt und Schiffbau von A. Halla, London.

[3] Hansa, Februar 1927, S. 389.

Allerdings hat diese neue Befeuerungsmethode zwei Unannehmlichkeiten, die sich wohl erst auf Grund längerer Erfahrung werden beseitigen lassen. Einmal ist Kohlenstaub sehr explosiv und dann ist der Lärm der Kohlenmühlen noch nicht zu vermeiden. Um zu verhindern, daß der Kohlenstaub durch besondere Vorrichtungen auf die einzelnen Feuer verteilt werden muß — womit das amerikanische Shipping Board bereits schlechte Erfahrungen gemacht hat — befindet sich vor jeder Feuerung — bei dem amerikanischen System wenigstens — eine besondere Kohlenmühle[1].

Der andere Fortschritt, der hinsichtlich der Verbilligung der Antriebskosten aufzuzeigen ist, wird durch die Bauer-Wach-Abdampfturbine repräsentiert. Lloyds bemerken[2], daß wenige neue Ideen oder Erfindungen auf dem Gebiete des Maschinenbaues sich den Beifall der Schiffseigner so schnell errungen hätten, wie diese Turbine. Die Anchor-Line ließ in ihrem fast neuen Dampfer „Britannia" eine Bauer-Wach-Abdampfturbine einbauen. Auf Probefahrten stellte man eine 18% betragende Abnahme des Kohlenverbrauchs fest, obgleich alle Vorbedingungen die gleichen wie bei dem vormaligen Betrieb, ausschließlich mit der Vierfachexpansionsmaschine waren. Jene 18% stellen 9 t Kohlen zu 3 £ 10 sh je Tonne am Tag und bei 5 Rundreisen von 42 Tagen nach Indien und zurück eine jährliche Ersparnis von 6615 £ dar[3]. Die Both-Line gibt über die Probefahrten ihres Dampfers „Boniface" folgendes Ergebnis bekannt[4]: Bei einer sechsstündigen Fahrt ohne Abdampfturbine leistete die Maschine bei 77,8 Umdrehungen 2953 PS. Bei einer zweiten sechsstündigen Fahrt, bei der die Abdampfturbine in Tätigkeit trat, leistete die Maschine bei 78,3 Umdrehungen rund 3000 PS. Bei dieser zweiten Fahrt wurden im Vergleich zur ersten $24^1/_2$% weniger Dampf verbraucht, ein Ergebnis, das voll den deutschen Erfahrungen mit der Abdampfturbine entspricht. Es wird gleichfalls von Lloyds[5] hervorgehoben, daß dieses System auf alten wie auf neuen Schiffen Anwendung findet und besondere Bedeutung deshalb besitzt, „weil heute Dampfer oft in Diensten beschäftigt sind, wo sie mit dem Motorschiff in Konkurrenz stehen, und eine Erhöhung der Fahrtgeschwindigkeit um 1 Knoten von größter Wichtigkeit ist". Die Verwaltung der Anchor-Line ist der Ansicht, daß sich die Dampf-

[1] Zur Frage der Kohlenstaubfeuerung in der Schiffahrt siehe den einschlägigen Artikel in der Dtsch. Bergwerksztg vom 13. Januar 1928, ferner: Technische Welt, Beilage zur I. u. H. vom 1. Oktober 1929.
[2] Hansa vom 22. September 1928.
[3] Hansa, September 1928, S. 1575.
[4] Hansa, Septenber 1928, S. 1686.
[5] Hansa vom 22. September 1928, S. 1575.

maschine im Kampf mit der internen Explosionsmaschine gut zu behaupten vermag.

Auch daraus kann dem wirtschaftlichen Vorsprung des Dieselantriebs Konkurrenz entstehen, daß die Verwendung von Hoch- und Höchstdruck im Dampfmaschinenbau für die Seeschiffahrt an Bedeutung gewonnen hat. Während bis vor wenigen Jahren über Betriebsdrücke von 15—18 at kaum hinausgegangen wurde, haben im Jahre 1929 sowohl in Deutschland wie in England Versuche mit Betriebsdrücken von über 22 at Erfolge gezeigt. Von dieser neuen Möglichkeit, die Maschinenleistung zu steigern, wurde z. B. beim Umbau der Schiffe der Ballin-Klasse der Hapag Gebrauch gemacht. Um diesen Schiffen die für den Schnellfrachtverkehr erforderliche Geschwindigkeit von 19 Knoten zu geben, wurde der Betriebsdruck der neuen Maschinenanlage auf 28 at erhöht. Die ursprünglichen Turbinen leisteten ihre 14000 PS bei 15 at Druck.

Die ökonomisch beachtenswerten Vorteile dieses Fortschrittes der Materialverbesserung liegen in einer bedeutenden Senkung des Brennstoffverbrauches je W/PS (der sich bei Verwendung von Kohlenstaubfeuerung noch weiter vermindern ließe), in einer entsprechenden Raumersparnis und in einem geringeren Gewicht je t/W/PS. Folgende Gegenüberstellung macht diese Vorzüge sehr schön deutlich. (Quelle: „Technische Welt", Beilage der I. u. H. vom 1. Oktober 1929 und 22. Juli 1930.)

Wirtschaftlichkeitsvergleich zweier unter verschieden hohen Dampfdrüken fahrenden Schiffe.

| Schiffe der Canadian Pacific Railway Co. | Baujahr | Betriebsdruck at | Bunkerkapazität t | W/PS | Geschw. Knoten | Aktionsradius Meilen | Gew. je t/W./PS |
|---|---|---|---|---|---|---|---|
| „Empreß of Canada" . | 1922 | 13 | 6100 | 20000 | 19 | 10000 | 0,173 |
| „Empress of Japan".. | 1930 | 26 | 6100 | 30000 | 21 | 13000 | 0,108 |

### 3. Personalkosten.

Die Kosten für die Bemannung der Schiffe werden u. a. durch die Zahl der an Bord benötigten Seeleute bestimmt. Im 17. Jahrhundert — so berichtet Schulte[1] — hatte ein amerikanisches Schiff von 100 t 40 Mann Besatzung, dazu mußte eine tote Last von 14 Kanonen mitgeführt werden. In England entfielen zur selben Zeit auf 100 t 30 Mann und nur in Holland kamen auf

[1] Schulte, E.: Die Entwicklung der Schiffsgrößen in den Vereinigten Staaten. Z. f. d. g. St. 1922/23, 152.

die gleiche Tonnenzahl 10 Mann[1]. Ende des 18. Jahrhunderts sah das Verhältnis so aus[2]:

England 1 Seemann auf 13 Rgt.,
Holland 1 Seemann auf 20 Rgt.

Die Holländer hatten schon sehr früh mit Geschick die Bauart für ihre Schiffe entwickelt, die ein recht günstiges Verhältnis zwischen toter Last und Nutzlast erlaubte. Die Navigation dieser Schiffe machte weniger Bedienung erforderlich und schließlich waren die holländischen Heuern niedriger als z. B. in England[3].

Nach und nach wurde die Sicherheit der Meere zu einer Selbstverständlichkeit. Die Kostenaufwendungen für waffengeübte Leute und für Geschütze erübrigte sich. Der technische Fortschritt ermöglichte eine bessere Ausstattung der Mannschaften mit maschinellen Hilfsmitteln. Diese Hilfsmaschinen vereinfachten und beschleunigten die Arbeit des Löschens und Ladens. Die Produktivität pro Seemann stieg und die Frachten konnten gesenkt und die Zahl der Verkehrsakte vermehrt werden. Im Jahr 1880 war der Personalbestand für Dampfer bei der deutschen Handelsmarine auf je 100 t netto 4,2 Mann, 1914 nur noch 2,46 Mann[4]. Unter Berücksichtigung der neuesten Daten kamen nach englischen Angaben 1925 auf 100 NRgt. 2,35 Mann. Die Verkürzung des Arbeitstages scheint hiernach durch maschinelle und organisatorische Verbesserungen überkompensiert worden zu sein[5].

Nun weiß aber jeder, daß heute über die Kopfzahl der Besatzungen in erster Linie nicht gestritten wird, wohl aber über Kosten, die durch Steigerung der Heuern, durch die Verpflegung an Bord, durch die Höhe der sozialen Abgaben und durch Verkürzung der Arbeitszeit entstehen. Auch über diese Kosten würde vielleicht weit weniger gesprochen werden, wenn sie für alle Seefahrt treibende Nationen die gleichen wären. Das ist aber ganz und gar nicht der Fall. Es gibt Länder — mit Namen genannt wird immer nur Deutschland —, die auf dem Gebiete der sozialen Fürsorge sich gar nicht genug tun können. Während in anderen Ländern an der Auffassung festgehalten wird, daß der Satz „Friß Vogel oder stirb“ sich als eine im Lebenskampf gut bewährte Maxime erwiesen habe.

---

[1] Schulte, E.: Die Entwicklung der Schiffsgrößen in den Vereinigten Staaten. Z. f. d. g. St. **1922/23**, 152.
[2] Sombart: a. a. O. II, 1, 284.
[3] Sombart: a. a. O. II, 1, 321.
[4] Sax: a. a. O. **2**, 210.
[5] Helander: a. a. O. S. 10.

Schon vor 1914 war der Kampf der Reeder nicht minder heftig als gegenwärtig gegen die immer größere soziale Abgaben fordernden Eingriffe des Gesetzgebers. Um den Umfang der Betriebskostensteigerung, der mit solchen Manipulationen verbunden ist, und die Erschwerung der Konkurrenzstellung der betreffenden Gesellschaft nachweisen zu können, hat die Hapag (vor 1911) folgendes Experiment gemacht[1]. Die Hamburg-Amerika-Linie verkaufte an eine erste Reederfirma in Kopenhagen einen ihrer Dampfer. Danach chartete sie ihn für eine ihrer Linien nach Südamerika und ließ ein Schwesterschiff dieses Dampfers auf derselben Linie laufen. Auf Grund der beiden vorliegenden Abrechnungen über diese Dampfer äußert sich Huldermann so:

„Der dänische Reeder sieht sich in der Lage, den Dampfer mit einer geringeren Mannschaft zu fahren, als wir es nach den bei uns geltenden Grundsätzen für zulässig halten müssen. Seine Gagen und Heuern sind teilweise geringer, und auch die Verpflegung ist geringer, als wir sie bieten dürfen, wenn wir nicht die Gefahr starker Desertionen laufen wollen. Auch im Falle der Desertion steht der dänische Reeder sich besser, weil ihm gestattet ist, die Gagen für die entwichenen Leute zum Ersatz für die ihm entstehenden Kosten voll einzubehalten, was wir im gleichen Umfange nicht dürfen. Er deckt daraus diese in den amerikanischen Häfen notorisch sehr hohen Kosten annähernd vollständig.

Sodann das Kapitel der sozialen Lasten. Wir haben den erkrankten Seemann im Heimatshafen bis zu 6 Monaten zu verpflegen. Wir haben die Kosten der Invaliden- und Unfallversicherung zu tragen, während der dänische Reeder nur eine Unfallversicherung kennt. Wir tragen außerdem einen Teil der Pensionsversicherung für die höheren Angestellten . . . Alles in allem ergibt sich, daß durch Gagen und Heuern, Verpflegungskosten, Kosten der Deserteure und die sozialen Lasten eine Differenz zwischen den Betriebskosten unter deutscher und dänischer Flagge entsteht, die rund 30% zugunsten der letzteren ausmacht. Nicht festzustellen ist dabei der Einfluß, den die Vorschriften der Seeberufsgenossenschaft und der staatlichen Aufsicht auf die Betriebskosten unter deutscher Flagge haben." Es muß noch hinzugefügt werden, daß Dänemark damals nicht zu jenen Ländern mit ausgesprochen niederen Betriebskosten zählte.

Der Vergleich, den hier die Hapag sicherlich mit dem guten Willen, dabei so objektiv wie möglich zu verfahren, angestellt hat, erlaubte wirklich einmal einen eingehenden Einblick in Betriebskosten einer anderen Reederei. Hierüber etwas Näheres zu erfahren, ist in der Regel ganz unmöglich. Auf Grund eigener Erfahrung gesteht der japanische Spezialist Professor Kojima, daß selbst, wenn man den Reedern dadurch in einer Notlage helfen möchte, „the shipowners refuse to notify the costs of marine services and the laying-up expenses of their own vessels to the combination". — Die Reeder werden Gründe haben, so zu handeln. Gerade bei der Gestaltung der Betriebskosten kann sich der ein-

[1] Wir folgen hier Huldermann: a. a. O. 1911, 19ff.

zelne Unternehmer, indem er seine Erfahrung, seine nur ihm eigene Findigkeit und seine gleichfalls nur seiner Person eigene besondere Sparsamkeit verwertet, sich Rentenquellen schaffen, die trotz der sonst bekannten hohen Kosten ihm doch noch einige Elastizität im Konkurrenzkampf lassen. Gibt der einzelne diese besonderen Ertragsquellen frei, dann wird die Konkurrenz aus seinen Fähigkeiten Nutzen ziehen, die Gewerkschaften werden sich melden, und so wird ihm die letzte Freude am Unternehmen genommen werden.

Es hat ganz besondere Mühe verursacht, über die Verschiedenheit der Betriebskosten in den einzelnen Schiffahrtsnationen einige, die gegenwärtige Lage widerspiegelnde Daten zu erhalten. Der Verband Deutscher Reeder e. V. lehnte wiederholt jegliche Auskunft mit der Begründung ab, daß seitens der fremden Schiffahrt aus geschäftlichen Interessen in diesen Fragen auch Zurückhaltung geübt würde. Angenehmerweise war das Ausland aber etwas auskunftfreudiger, und so mag denn folgende Zusammenstellung wenigstens helfen, Klarheit über die Höhe der Löhne und Verpflegungskosten zu geben, mit denen zur Zeit die Reeder zu rechnen haben.

Im Jahre 1924 brachte „The Nautical Gazette" folgenden internationalen Vergleich, der auf einen Kohlendampfer von 8800 t Bezug nimmt[1]:

| Länder | Größe der Besatzung | Entlöhnung pro Monat in $ |
|---|---|---|
| Großbritannien | 39 | 1782,71 |
| Norwegen | 42 | 1100,14 |
| Niederlande | 38 | 1623,33 |
| Japan (!) | 61 | 1865,53 |
| Schweden | 40 | 1820,59 |
| Frankreich | 45 | 1318,85 |
| U. St. Shipping Board | 41 | 3466,00 |

Die norwegische Reederorganisation hat die für Norwegen errechnete Zahl beanstandet und behauptet, daß ein norwegischer Öldampfer von 8700 t im Juli 1924 2554,76 $ für Löhne zu zahlen gehabt hätte.

An dieser Statistik, wie auch an den internationalen Lohnzusammenstellungen, die Helander[2] bringt, haben wir auszusetzen, daß es eben nur Lohnstatistiken sind. Die Reeder selbst aber legen Wert darauf, neben der Höhe der Heuersätze möglichst

[1] Zit. bei Helander-Haslinger: a. a. S. 346.
[2] Helander: a. a. O 1928.

auch über den Aufwand für Verpflegungskosten für die Besatzung etwas zu erfahren. The American Steamship Owners Association hat auf Grund von Statistiken, die the United States Shipping Board für Monat November 1927 aufgestellt hat, einige Zahlen gebracht[1], bei denen auch die Verpflegungskosten Berücksichtigung finden.

Die nebenstehende Tabelle zeigt, daß die Vorzugsstellung, die die Reeder einiger Länder auf Grund anderer Lohnhöhen einnehmen, durch entsprechend größere Ausgaben für die Verpflegung der Mannschaft abgeschwächt, zum Teil sogar ganz aufgehoben wird.

Jetzt sollen noch einige Zusammenstellungen über Betriebsausgaben für Schiffe verschiedener Länder folgen, die

[1] Cost of Operation of Vessels under various Flags, zit. in: Innstilling fra Skibsopleggskomiteen. Oslo 1928.

Cost of Operation of Vessels under various Flags.

| Country | Nr.[1] | U. S. | Nr. | U. S. | Nr. | Norway | Nr. | Gr.Britain | Nr. | Italy | Nr. | France | Nr. | Japan |
|---|---|---|---|---|---|---|---|---|---|---|---|---|---|---|
| Trade route ..... | | — | | — | | West Coast U.S. W. C. So. Amer. | | Tramp | | Italy-Australia | | Havre-N. Y. | | Trans-Pac. |
| Type of Vessel... Propulsion ........ | | Cargo Coal | | Cargo Oil | | Freight Recip. Oil | | Cargo Island oil trip Exp. | | Cargo 3rd Cla. pass Oil | | Freighter Recip. 3 Scotchcoal | | Cargo Oil |
| Tonnage dwt[2] ... | | 9001 | | 9001 | | 6000 | | 8875 | | 10000 | | 9200 | | 9090 |
| Wages in $ ..... | 42 | 3836,00 | 35 | 3358,50 | 35 | 2346,52 | 35 | 2115,54 | 42 | 1140,99 | 45 | 993,29 | 34 | 1065,58 |
| Subsistence per month | | 819,00 | | 682,50 | | 420,00 | | 574,88 | | 441,00 | | 432,00 | | 306,00 |
| Total........... | | 4655,00 | | 4041,00 | | 2766,52 | | 2690,42 | | 1581,99 | | 1425,29 | | 1371,58 |
| Subsistence per man per day | | 65 | | 65 | | 40 | | $54^3/_4$ | | 35 | | 32 | | 30 |

[1] Nr. = number of seamen. [2] dwt = dead weight tons.

von norwegischer Seite[1] gemacht worden sind. Die Summen gelten pro Monat und für das Jahr 1928 in norwegischer Währung. Die Heuern umfassen nicht die Gehälter der Schiffsführer.

Betriebsausgaben für einzelne Schiffe in 1928.

| dwt[1] | Kohlenverbrauch | Besatzung | Assekuranz Kr. | Heuer pro Monat Kr. | Proviant Kr. | Total zuzüglich der Kosten für Schiffsführer Kr. |
|---|---|---|---|---|---|---|
| 1. Für ein britisches Schiff: | | | | | | |
| 3600 | 18 | 24 | 2821 | 5096 | 1365 | 11345 = £ 623.6.8 |
| 2. Für ein deutsches Schiff: | | | | | | |
| 3000 | M/s[2] | 23 | 1940 Baujahr 1921 | 3221 | 1065 | 8122 = RM. 9095 |
| 3. Für ein schwedisches Schiff: | | | | | | |
| 3000 | — | 21 | 2600 Baujahr 1921 | 4300 | 1292 | 10067 |
| 4. Für ein französisches Schiff: | | | | | | |
| 3000 | — | — | 2167 Alter 10 Jahre | und Kosten f. Schiffsführung Kr. 8832 | | 10999 |

[1] dwt = dead weight tons. [2] M/s = Motorschiff.

Ein Vergleich der Heuertarife verschiedener Nationen, die 1928 nach der gleichen Quelle in Geltung waren, gibt für ein Schiff von 3300 dwt folgendes Bild (Die Zahlen sind errechnet aus Grundlohn plus Alterszulage):

Heuertarife für das einzelne Schiff in 1928,

| Norweg. Tarif Kr. | Schwed. Tarif Kr. | Dänisch. Tarif Kr. | Finnisch. Tarif Kr. | Deutsch. Tarif Kr. | Engl. Tarif Kr. |
|---|---|---|---|---|---|
| 3735 | 3743 | 4134 | 2305 | 2615 | 3862 |

Die Summen sind als Minimalbeträge zu verstehen. Tatsächlich bezahlt wurden z. B. in Norwegen Kr. 3917.

Man darf aus diesen Zahlen nicht voreilig Schlüsse ziehen wollen, denn 1. haben sie z. B. für Deutschland nicht einmal mehr Gegenwartswert. Hier ist inzwischen ein Schiedsspruch für allgemein verbindlich erklärt worden, der eine 9—11% ige Lohnerhö-

[1] In Innstilling fra Skibsoplegskomiteen. Oslo 1928.

hung vorschreibt[1]. 2. Ist in der obigen Aufstellung eine sehr wichtige Größe noch nicht mitgenannt worden. Wurde bereits bei Berücksichtigung der Verpflegungskosten die unterschiedliche Stellung der Reeder im Konkurrenzkampf mehr oder weniger verstärkt hervorgekehrt, so wird das Bild erneut wesentlich verändert, wenn man den nach Ländern verschiedenen Grad der sozialen Belastung mit in Betracht zieht. Die Lohnsumme, die in Deutschland bar ausbezahlt wird, mag niedrig erscheinen im Vergleich zu dem, was Schiffsmannschaften anderer Länder erhalten. Wenn man aber die Abgaben für die vielen sozialen Einrichtungen mit heranzieht, so dürfte Deutschland im Verhältnis zu den anderen europäischen Schiffahrtsnationen mit sehr hohen Kosten pro Mann belastet sein. Konsul Arthur Kunstmann, ein Mitarbeiter der „Hansa", hat diese Behauptung in folgende Worte gefaßt[2]: „Zweifellos[3] sind die personellen Ausgaben der deutschen Reedereien in Verbindung mit den direkten sozialen Lasten und den durch die soziale deutsche Gesetzgebung erforderlichen betriebsverteuernden Maßnahmen (Achtstundenarbeitstag, Dreiwachensystem) größer als die der meisten übrigen schiffahrttreibenden Länder... Es ist bestimmt[3] nicht übertrieben, wenn man behauptet, daß eine einigermaßen angemessene Verzinsung der investierten Kapitalien bei den deutschen Reedereien nicht mehr erzielt werden kann". Irgendein konkretes Beispiel, an dem diese Auswirkungen der sozialen Lasten aufgezeigt werden könnten, ist von keiner Seite im Laufe der letzten Jahre beigebracht worden! Man muß, um einmal zu zeigen, was durch überspannte sozialpolitische Vorschriften angerichtet werden kann, schon in die Zeit von vor 1914 zurückgehen. In Deutschland waren damals Beiträge an die Kranken-, Seeunfall- und an die Invaliditäts- und Altersversicherung zu leisten. Die Krankenversicherung übernahm damals wie heute nicht die außer Landes entstehenden Krankenunkosten. Diese hatten die Reeder allein zu tragen. Wie schwer bereits ein einzelner Zweig der sozialen Fürsorge, nämlich die Vorschriften der Krankenversicherung, auf einem Schiffahrtsunternehmen lasten kann, ohne daß die äußerste Grenze der Beitragsleistung erreicht zu werden braucht, zeigt Scholz[4] an einem Beispiel aus der Segelschiffahrt. Ein deutscher Segelschiffsreeder mußte an der Westküste Südamerikas 10 Seeleute, die erkrankt waren, absetzen, auf eigene Kosten verpflegen, behandeln

[1] Hansa vom 5. Januar 1929, S. 25ff.
[2] Die deutsche Ostseeschiffahrt 1928. Hansa vom 5. Januar 1929, S. 8ff.
[3] Von mir gesperrt.
[4] Scholz, W.: a. a. O., S. 173—174.

und in die Heimat zurücktransportieren lassen. Die hierdurch entstandenen Kosten verminderten den Reingewinn, der einer Verzinsung des Anlagekapitals von 4,05% entsprach, in ein Defizit von 1390 RM. Dabei muß unterstrichen werden, daß die Linienreederei, die den Rücktransport der 10 Leute ausführte, durch eine sehr niedrige Rate dem betreffenden Reeder entgegengekommen ist. „Große Segelschiffsreeder", so meint Scholz, „mögen vielleicht die verausgabten Krankenbeiträge, nach Abschluß des Jahres auf die einzelnen Schiffe verteilt, in immer noch erträglichen Grenzen halten; die kleineren, mit nur zwei bis drei Schiffen in langer Fahrt, können durch solche Beitragsleistungen oft schwer getroffen werden."

Für die Gegenwart muß man sich durchweg mit Meinungsäußerungen zufrieden geben. Bezeichnend für die Intensität, mit der unsere Sozialgesetzgebung unaufhaltsam bestrebt ist, den Reedern den Konkurrenzkampf so schwer wie nur möglich zu machen, erscheinen mir diese Sätze aus dem Bericht der Hapag für das Jahr 1927[1].

„Das Jahr brachte nicht nur Erhöhung der Steuern und Löhne, sondern auch Erhöhung der Beiträge zur Invalidenversicherung, Erweiterung der Pflichtgrenze zur Kranken- und Arbeitslosenversicherung. Die bisherigen Kosten der Erwerbslosenunterstützung sind damit infolge der Überführung in die Arbeitslosenversicherung zu dauernden geworden. Außerdem entstehen vom 1. Januar 1928 ab neue Verpflichtungen aus Einführung der Krankenversicherung für Seeleute[2]."

---

[1] Hansa, März 1928, S. 480ff. Ganz ähnlich: Bericht des Nordd. Lloyd, ebendort S. 476.

[2] Über die Auswirkung dieser neuen Seekrankenkasse heißt es im Jahresbericht der Hamburg-Süd für 1928: „Vornehmlich die neueingeführte Seekrankenkasse hat den Reedern im verflossenen Jahr beträchtliche Mehrlasten verursacht. 1928, dem ersten Jahre des Bestehens dieser neuen Seekrankenkasse, meldeten sich 1640 Seeleute der Flotte krank, ohne diejenigen, die bei den Ortskrankenkassen im Reich ärztliche Behandlung gefunden haben. Die Besatzungsstärke unserer Schiffe beläuft sich auf 2800 Mann, so daß seit der Neueinführung sich rund 60% unserer gesamten Mannschaft krank gemeldet hat. Vor Einrichtung der Seekrankenkasse meldeten sich i. D. 250 Mann im Jahr krank, also nicht einmal 10%. Ursache dieser außerordentlichen Inanspruchnahme der neuen Seekrankenkasse sind nach Ansicht der Hamburg-Süd folgende Gründe: 1. die Auffassung der neuversicherten Personen, für Beitragszahlung auch möglichst viel Gegenleistungen zu erhalten; 2. bei Arbeitslosigkeit an Stelle der Arbeitslosenversicherung in erster Linie die Krankenversicherung in Anspruch zu nehmen, da für den abgemusterten Seemann in den meisten Fällen die Gefahr besteht, vom Arbeitsamt Arbeit zugewiesen zu erhalten, was nicht gewünscht wird. — Vertrauensärztliche Nachuntersuchungen haben ergeben, daß in einer großen Zahl von Fällen die Arbeitsunfähigkeit von behandelnden Ärzten attestiert wurde, obwohl sie gar nicht vorhanden war. (Ich folge einer mir freundlichst überlassenen Auskunft der Hamburg-

Die sozialen Ausgaben (gesetzliche und freiwillige) der Hapag betrugen 1913 2900000 M., 1927 5900000 RM. Wie sehr sich das Entwicklungstempo der vom Staat verlangten Aufwendungen von den anderer für das Gedeihen einer Reederei wichtiger Faktoren unterscheidet, gibt die folgende Indexzusammenstellung deutlich zu erkennen. Meiner Berechnung liegen die in den betreffenden Jahresberichten der Hapag bekanntgegebenen absoluten Zahlen zugrunde[1].

Die Entwicklung der öffentlichen Abgaben im Rahmen anderer Betriebsfaktoren bei der Hapag. 1925 = 100.

| Jahr | Steuern und soziale Lasten | Betriebs-personal | Flotten-entwicklung | Personen-verkehr | Frachten-index* |
|---|---|---|---|---|---|
| 1926 | 132,1 | 118,3 | 203,3 | 146,7 | 108,1 |
| 1927 | 197,5 | 142,8 | 230,3 | 205,2 | 103,8 |
| 1928 | 315,9 | 182,2 | 244,1 | 294,7 | 99,7 |
| 1929 | 354,6 | 205,6 | 243,2 | 316,5 | 106,5 |

* berechnet nach dem deutschen Gesamtfrachtenindex.

Die Beweiskraft dieser Zahlen dürfte nur wenig dadurch herabgemindert werden, daß man nicht auf die Nettoausgaben der Reederei für Löhne und soziale Lasten zurückgreifen kann, weil sowohl die Hapag wie der Norddeutsche Lloyd diese Zahlen in ihren Bilanzen mit den Summen für andere Aufwendungen verquickt aufzuweisen pflegen.

Während nach englischer und französischer Vorschrift der Reeder für alle venerischen und durch mutwillige Handlungen der Seeleute zugezogene Erkrankungen nicht einzustehen hat, gelten für die deutschen Reeder auch diese Fälle nicht als Ausnahmen.

In bezug auf die Arbeitslosenfürsorge hat Kränzlin sowohl in seinem Bericht für 1926[2] wie für 1927 daran erinnert, daß sowohl im Vergleich zur Industrie die Zahlen der Unterstützungsberechtigten in der Seeschiffahrt wesentlich günstiger sind, dennoch die Reeder die Beiträge in derselben Höhe wie die Industrie zu zahlen hätten. Das hier angeführte Beispiel dürfte eine neue Stütze für

Süd vom 26. Mai 1929.) Diese in starkem Maße vorliegende mißbräuchliche Benutzung der Kasse hat inzwischen eine Erhöhung des Beitragssatzes auf 7% zur Folge gehabt, nachdem das Jahr mit einem bedeutenden Fehlbetrag für die Seekrankenkasse abgeschlossen hat."

[1] Siehe Deutschlands Großschiffahrt a. a. O. S. 19. — Ferner Geschäftsbericht der Hapag 1928 in I. u. H. vom 13. Juli 1929. — Abschluß der Hapag 1929 in I. u. H. vom 20. März 1930 und Frankfurter Ztg, Reichsausgabe vom 20. März 1930 und vom 3. Januar 1930.

[2] Hansa, Januar 1927, S. 29 und Januar 1928, S. 28ff.

die Forderung sein, die Beiträge zur Arbeitslosenversicherung nach Gefahrenklassen abzustufen.

Eine so weitgehende Vorbelastung durch personelle Ausgaben erleiden die Reeder keineswegs in allen Ländern, besonders das System der Zwangsversicherung ist nicht überall eingeführt. England z. B. kennt nur ein Haftgesetz (Workmen Compensation Act), das jedoch nicht eine Versicherung fordert.

Für andere Länder kommen soziale Belastungen so gut wie gar nicht in Betracht. So leiden die in der europäischen Fahrt beschäftigten Trampreeder unter der Konkurrenz der Schiffahrt Finnlands, Estlands, Griechenlands. Diese Länder sind zur See in erster Linie deshalb konkurrenzfähiger, weil ihre Betriebskosten sich in niederen Grenzen halten können[1]. Ein Fall besonderer Art ist durch Lettland gegeben. Hier ist eine bedeutende Handelsflotte ohne staatliche Mitwirkung entstanden. Das durchschnittliche Alter der Schiffe beträgt 20 Jahre. Dennoch sind die Rigaer Reeder mit ihren Gewinnen nicht unzufrieden. Der Grund ihrer Geschäftserfolge liegt in den billigeren Löhnen und den niedrigeren sozialen Lasten[2]. — Gerechterweise darf man nicht übersehen, daß die lettländischen Reeder eine langjährige Erfahrung in ihren Geschäften besitzen und daß ein verhältnismäßig günstiger Ausgleich zwischen Ein- und Ausfuhr eine gute Ausnutzung des Schiffsraums, wie man ihn sonst in den Ostseehäfen eigentlich nicht findet, gestattet.

Lassen sich nun aber die sozialen Kosten auf Grund internationaler Abmachungen nicht für alle interessierten Länder gleichmäßig gestalten? Das internationale Arbeitsamt in Genf bemüht sich in dieser Richtung. Man muß jedoch nach den bisherigen Erfahrungen sehr skeptisch sein. Es besteht bei diesen Bestrebungen die Gefahr, daß die Leistungsfähigkeit wirtschaftlich hoch entwickelter Länder zum Maßstab für sozialpolitische Forderungen genommen wird. Selbst wenn über bestimmte Punkte eine Verständigung erzielt werden könnte, bleiben immer noch die Unterschiede, die durch die verschiedenen Lebensansprüche der Bewohner in den einzelnen Ländern gegeben sind, bestehen. Sodann eröffnet die verschiedene Auslegungsmöglichkeit der Abkommenstexte Spielraum für Kostendifferenzen. Die italienische Regierung[3] steht z. B. auf dem Standpunkt, daß es nicht

[1] Schiffahrtsfragen in Handelskammerberichten für 1928. Hansa, Januar 1929, S. 90.

[2] Steinert, H.: Die Schiffahrt in den östlichen Ostseestaaten. Hansa, Januar 1929, S. 83ff.

[3] Kränzlin: Ein sozialpolitischer Rückblick auf das Jahr 1927. Hansa, Januar 1928.

möglich sei, Konventionsbestimmungen buchstabenmäßig auszulegen, sondern es käme vielmehr darauf an, dem Geist des Abkommens, Rechnung zu tragen. Diese Erklärung begründet die Handhabung des Washingtoner Abkommens in Italien. Italien sieht nicht nur eine tägliche Überschreitung des Achtstundentages um zwei Stunden vor, sondern es ermäßigt sogar den von der Konvention für Überstunden vorgesehenen Zuschlag von 25% zum Stundenlohn auf 10%[1].

Was können nun die Reeder tun, um trotz dieser hohen Kostenaufwendungen ihren Unternehmungen noch einen Ertrag zu sichern, der wenigstens dem anderer Branchen nicht nachsteht? Die menschliche Arbeitskraft durch Maschinen zu ersetzen, kommt für die Seeschiffahrt nicht in dem Grade in Frage wie für die Industrie. Für den Dienst an Deck ist man auf persönliche Dienstleistungen angewiesen. An Maschinenpersonal kann jedoch gespart werden, und in dieser Beziehung steht die Motorisierung der Schiffahrt im Begriff das ihrige zu tun.

Für die persönlichen Dienstleistungen ist der Reeder jedoch nicht auf teuere, weiße Arbeitskräfte allein angewiesen.

Betätigung an Bord, die gerade nicht hoch qualifizierte Arbeit verlangt, kann auch von billiger arbeitenden, weniger anspruchsvollen, farbigen Arbeitern geleistet werden. Bekanntlich versehen auf deutschen Schiffen in der heißen Zone Chinesen den Dienst der Heizer. Eine diese Gepflogenheit verbietende Verfügung der deutschen Regierung in der Nachkriegszeit erwies sich als undurchführbar, da die Leute in der heißen Zone vor den Kesseln wie Fliegen umfielen. Auch Helander macht darauf aufmerksam, daß die Einstellung farbigen Schiffspersonals eine Konsequenz ist, mit der man praktisch durchaus zu rechnen hat. Der Anteil[2] der sogenannten Laskars an der Gesamtbesatzung der englischen Handelsflotte betrug 1900: 14,5%, 1913: 16%, 1918: 18%, 1925: 20,5%. Die Kostendifferenz, die bei der Verwendung farbiger Arbeitskräfte sich ergibt, ist in der Tat beachtlich. Nach einer amerikanischen Quelle[3] wurde an Monatslohn für einen Orientalen 30 $ gezahlt. Ein Weißer hingegen erhält 65 $ pro Monat. Die Verpflegung eines Japaners oder Chinesen kostet dem Reeder pro Tag 30 Cents, während er für die Verpflegung der weißen Mitglieder der Schiffsbesatzung mindestens 75 Cents pro Mann und Tag aufwenden muß.

---

[1] Über die Bedeutung der Einführung des Achtstundentages für die Seeschiffahrt, siehe Helander: a. a. O. S. 339ff.

[2] I. u. H. vom 22. Juni 1928.

[3] Helander: a. a. O. S. 242, außerdem Huldermann: a. a. O. **1909**, 67.

Eine andere Möglichkeit ist äußerste Sparsamkeit im gesamten Betriebe. Diesen Zweck können große Reedereien durch Selbstversicherung oder durch Begründung von Betriebsgemeinschaften erwirken.

Aber auch die übliche Folge, die sich bei einer Überbürdung der Betriebe mit öffentlichen Lasten immer wieder einstellt, wird nicht ausbleiben. Man wird versuchen, die Wahrheit zu verschleiern. Aus Furcht, die Gewerkschaften oder die Gesetzgebung möchten ein gutes Ergebnis des Geschäftsjahres zum Vorwand für neue Forderungen nehmen, sucht man die Leistungsfähigkeit der Betriebe möglichst gering erscheinen zu lassen. In der Linie dieser Politik liegt es, wenn auch die Dividenden nicht in der möglichen Höhe ausgeworfen werden. Auf diese Weise werden beträchtliche, disponible Mittel daran gehindert, solche Arbeitsgelegenheiten zu schaffen, die auf die Dauer gesehen, die wirtschaftlich zweckmäßigeren sind. Alles in allem werden die hier angeführten Belege eine neue Stütze für die alte Wahrheit sein, daß zu schneller sozialer Fortschritt Arbeitslosigkeit und sinkende Löhne schafft.

Anmerkung: Für die Steigerung der sozialen Lasten waren die Bestimmungen folgender Gesetze maßgebend. Verordnung über die Jahresarbeitsverdienstgrenze in der Angestelltenversicherung vom 23. April 1925. Reichsgesetzblatt I, S. 51. — Fünfte Verordnung über die Versicherungen der in der Kauffahrteiflotte, auf Kabeldampfern und Schulschiffen sowie in der Hochseeschiffereiflotte beschäftigten nach dem vierten Buche der Reichsversicherungsordnung versicherungspflichtigen Personen. Vom 3. Juli 1926. Reichsarbeitsblatt I, S. 220. — Gesetz über Leistungen und Beiträge in der Invalidenversicherung. Vom 8. April 1927, Reichsgesetzblatt I, S. 98. Gesetz über Arbeitsvermittlung und Arbeitslosenversicherung vom 16. Juli 1927, Reichsgesetzblatt I, S. 187. — Gesetz über die Krankenversicherung der Seeleute vom 16. Dezember 1927, Reichsgesetzblatt I, S. 337.

Die Beiträge zur Krankenversicherung der Seeleute betrugen:

| | |
|---|---|
| bei Einführung des Gesetzes | 2,5% |
| am 1. Januar 1929 | 4% |
| am 1. Mai 1929 | 7% |
| nach dem 1. Januar 1930 | 7,5% |
| vom 1. Oktober 1930 bis Ende des Jahres | 7% |

Als weitere Belastung stellen die Reeder die neuen Heuersätze hin, die am 27. Oktober 1928 kraft Schiedsspruches eingeführt werden mußten (siehe Reichsarbeitsblatt VI, S. 387). Die Reeder behaupten, daß der Abschluß des Manteltarifs vom Oktober 1927 eine Erhöhung der Löhne um 10% im Durchschnitt gebracht habe. Der durch den Schiedsspruch bedingte Nachtrag zu diesem Manteltarif bedeute eine weitere Steigerung der Heuern um rund 9%. Inzwischen hat die Arbeitsgemeinschaft seemännischer Angestelltenverbände den Manteltarif für die Seeschiffahrt zum 31. Oktober 1929 gekündigt (I. u. H. vom 10. August 1929. Für die oben mitgeteilte Auffassung der Reeder berufe ich mich auf eine mir vom Verband deutscher Reeder in Hamburg freundlichst erteilte Auskunft vom 3. August 1929.)

## 4. Kanalgebühren und Hafenabgaben.

Ein Kostenfaktor, der für die Preisbildung am Seefrachtenmarkt eine erhebliche Rolle spielt, entspringt aus der Notwendigkeit der Schiffahrt, Häfen anzulaufen und künstliche Wasserstraßen zu benutzen.

Die für die Großschiffahrt wichtigsten Kanäle sind der Suezkanal und der Panamakanal. Beide Kanäle werden benützt wegen der schnelleren örtlichen Verbindungen, die sie ermöglichen. Sie werden aber auch gemieden wegen der Kosten, mit denen die Durchfahrt verbunden ist. So geht der deutsche Dienst nach Australien um das Kap der guten Hoffnung[1]. Die englische Peninsular & Oriental Line läßt immer einen ihrer 14tägigen Dampfer die Ausreise durch den Suezkanal und die Heimreise um das Kap machen. Was die Abgaben an die Suezkanalgesellschaft für eine große Reederei bedeuten, sucht Huldermann noch anschaulicher zu machen[2]. Er ist der Meinung, daß Lloyd und Hapag die erstklassigen Postdampferlinien nach Ostafrika, Australien und Ostasien auch ohne die Reichssubvention von rund 7 Millionen M. hätten von Anfang an unterhalten können, wenn die Durchfahrt durch den Suezkanal gebührenfrei gewesen wäre.

Im Verkehr durch den Panamakanal wird die Gebühr von 1,20 $[3] für die Nettotonne des beladenen Fahrzeuges und von 0,72 $ für die Nettotonne des in Ballast gehenden Fahrzeuges von den Reedern als zu hoch empfunden. Die immer wiederkehrenden Klagen über diese, den Verkehr erschwerenden Sätze haben zu dem Gesetzentwurf des Senators Copeland geführt[4]. Dieser Entwurf berücksichtigt insbesondere die großen Schiffe, die bisher mit verhältnismäßig sehr hohen Gebühren belastet waren und schlägt u. a. vor, daß künftig kein Schiff mehr als höchstens 8000 $ für die Kanaldurchfahrt zu zahlen haben soll.

Außer durch die Höhe der Abgaben ist der Verkehr dadurch erschwert, daß der Kanal nur auf acht Stunden am Tag offen gehalten wird[5]. Ein Nachtdienst würde sich — so begründet man diese Maßnahme — infolge zu hoher Kosten nicht bezahlt machen. Im Hinblick auf die wachsende Benutzung des Kanals[6] und der daher immer häufiger werdenden Verkehrsstörungen kamen auf der Junitagung der International Shipping Conference in London

[1] Deutschlands Großschiffahrt in 1928 a. a. O. S. 8 u. 23.
[2] Huldermann: a. a. O. **1909**, 62.
[3] Canale de Suez in l'Information vom 3. August 1928.
[4] I. u. H. vom 1. Juni 1928.
[5] Hansa, Oktober 1928, S. 1654.
[6] Vgl. Statist. Jb. dtsch. Reich **1926**, 83; **1927**, 94; **1928**, 88.

im Jahre 1928 die Vertreter von 20 seegehenden Nationen überein, ihre Regierungen zu ersuchen, in Washington Vorstellungen wegen der Freigabe des Verkehrs des Panamakanals zu allen Tages- und Nachtzeiten zu machen[1].

Bei den Hafenabgaben kommt es nicht so sehr auf ihre absolute Höhe an, sondern auf die Leistungen, die der Hafen zu bieten vermag. Der Verkehr pflegt jene Häfen als die wohlfeilsten zu bevorzugen, die Löschen und Laden in der kürzesten Zeit gestatten. Auch werden die Hafenkosten stets das kleinere Übel sein, verglichen mit dem großen Risiko, das ein gänzlich von den Launen des Wetters abhängiger Umschlag in Brandungsboote auf offener Reede mit sich bringt[2].

Die Abgaben werden in den einzelnen Häfen in ganz verschiedener Höhe erhoben. Sie setzen sich zusammen hauptsächlich aus Tonnagegebühren, Kai- oder Frachtabgaben bzw. Passagiergebühren. Gebühren für das Vertäuen und Losmachen der Schiffe. Konsulatsabgaben für Beglaubigung von Manifesten, von Mannschafts- und Reisendenlisten. Ankergeld. Gebühren für Schlepperdienste, für Benutzung der verschiedenen Kräne, für Benutzung der Getreideelevatoren, Gebühren für Lieferung von Wasser usw.

Für die Höhe der Sätze kommt außerdem die Liegezeit der Schiffe in Betracht. Bei den Frachtabgaben, die sich nach der Menge der geladenen oder gelöschten Güter richten, unterscheidet z. B. der französische Tarif Massengüter von anderen Gütern. Für Massengüter wird ein niederer Satz in Anwendung gebracht[3]. Genua — das auf die gesteigerte Leistungsfähigkeit seiner Kohlenkräne aufmerksam macht — gewährt Verbilligung der Benutzungsgebühren solchen Schiffen, deren Raum- und Deckseinrichtungen eine uneingeschränkte Arbeit der Kräne ohne Zeitverlust ermöglichen[4]. Ferner sind die Abgaben andere, je nachdem die Dienstleistungen am Tage, bei Nacht, an Sonn- oder Feiertagen verlangt werden. Bei den Tonnagegebühren wird häufig unterschieden nach Schiffen in der außereuropäischen Fahrt und solchen, die im Verkehr zwischen nur europäischen Häfen stehen. Diese genießen eine Bevorzugung.

Die französische Regierung hat durch Gesetz vom 28. März 1928 eine Erhöhung der Tonnagegebühren und Frachtabgaben angeordnet. Infolge davon hat z. B. ein von einem außereuropäischen

[1] Hala, A.: Großbritanniens Schiffahrt und Schiffbau in 1928. Hansa vom 5. Januar 1929.

[2] So bislang an der westafrikanischen Küste. Siehe I. u. H. vom 6. September 1928 und vom 11. Januar 1928.

[3] I. u. H. vom 19. April 1928.

[4] I. u. H. vom 3. Oktober 1928.

Platze kommender Dampfer von 3000 NRT., der 7000 t Erdnüsse löscht, an Stelle von 9000 Fr. jetzt 22250 Fr. zu entrichten. Diese Steigung der Ausgaben des Schiffes hat eine Erhöhung der Frachtraten nach französischen Häfen nach sich gezogen.

Wir nehmen an, daß bisher die Kosten durch die Preisbildung gedeckt wurden und nun durch Steigerung der Hafenabgaben in diesem Zustande ein Wandel eintritt. Dann lassen sich vier Möglichkeiten der Einwirkung auf die Schiffahrt feststellen. 1. Die Reeder tragen die Kosten ohne Erhöhung der Raten. 2. Sie setzen die Raten herauf. 3. Sie meiden den betreffenden Hafen. 4. Sie suchen durch Maßnahmen ihrer Regierungen auf die Abgabengestaltung anderer Regierungen Einfluß zu gewinnen.

Daß die Reedereien die Kosten allein zu tragen sich bereit finden, ist wohl der seltenste Fall; im Hafen von Beira wird, um die Kosten des neuangelegten Tiefwasserkais einzubringen, eine Baggerabgabe verlangt, die für einen Dampfer von 8000 BRT. 133 £ beträgt. Die Mehrbelastung, die zu den übrigen Abgaben hinzutritt, wird als enorm empfunden. Die Schiffahrtsgesellschaften haben vorerst versucht, die Abgabe selbst zu tragen[1].

Für den Entschluß der Ratensteigerung wird maßgebend sein: 1. Die Größe des Betrages, um den die Abgaben gesteigert werden und 2. ob in Anbetracht der Konkurrenz eine Heraufsetzung des Ratenstandes möglich sein wird. Die Reederei „Worms", die die französischen Häfen Dünnkirchen, Le Havre, Bordeaux, La Pallice, Rouen, Nantes, Brest und Marseille bedient, setzte am 1. Juni 1928 ihre Frachtsätze um 3 Pence per 1000 kg oder cbm herauf[2]. Es ist aber nicht gesagt, daß die Änderung der Hafenabgaben die Raten für jede Art von Frachtgut erhöhen muß. Die Hafenbehörde in New Plymouth auf Neuseeland hat die bisherigen Kosten von 1 Sh. auf 2/6 Sh. pro Tonne Maß oder Gewicht ab 1. Januar 1928 erhöht. Diesen Aufschlag haben die am Neuseelandverkehr beteiligten Konferenzreedereien den gewöhnlichen Frachten hinzugerechnet, mit Ausnahme von Düngemitteln. Hier erlaubte die Konkurrenz der Tramps eine Ratenveränderung nicht.

Meidung seines Hafens wegen zu hoher Kosten mußte sich in jüngster Zeit Gothenburg gefallen lassen. Eine sehr unglückliche Berechnungsmethode, die in Gothenburg zur Anwendung kommt, hat es mit sich gebracht, daß es vorteilhafter ist, für das Hinterland von Gothenburg bestimmte Güter in Hamburg oder Kopenhagen zu löschen, oder über Gothenburg ausgehende Güter über diese Häfen einzunehmen[3].

[1] I. u. H. vom 28. September 1928.
[2] I. u. H. vom 6. Juni 1928.
[3] I. u. H. vom 15. Dezember 1928.

Neben diesem Einzelfall ist die Bevorzugung der kontinentalen Häfen gegenüber den englischen eine Tatsache, die den interessierten Kreisen in England viel Kopfzerbrechen macht. Ein Berichterstatter der „Times“ hat im Auftrage seines Blattes die Häfen von Antwerpen, Rotterdam, Hamburg und Bremen besucht, mit dem Ergebnis, daß „die festländischen Häfen viele Vorteile hätten, geringere Hafengebühren und schnellere Verladung, was auf besseren Einrichtungen beruht, die Zeit abkürzt und die Kosten verbilligt. Zahlreiche Verschiffer werden dadurch angeregt, lieber in Antwerpen, Rotterdam oder Hamburg zu verladen als in London[1]. Diese Feststellung im November 1928 bestätigt das Urteil, das über den Zustand der englischen Häfen bereits im Jahre 1926 von einem Gremium berufener Autoritäten — Traders Co-Ordinating Commitee on Dock Charges — gefällt wurde. In dem Urteil heißt es: „The preference which British ports had over Continental ports, both in matters of freight, of facilities and of despatch has gone, and to day it is the general rule that where a charterer or an owner has a chance of sending a ship to the Continent rather than to the United Kingdom he will do so[2]“.

Die Hafenbehörden können also nicht bei den Kosten, die sie fordern und bei den Leistungen, die sie bieten, tun, was ihnen gerade paßt, sondern sie sehen sich hier sowohl im Hinblick auf die Kosten wie im Hinblick auf die Leistungen einer fühlbaren Konkurrenz mit anderen Häfen ausgesetzt.

Nachdem nunmehr die wesentlichsten Kosten, die sich aus dem Betriebe der Seeschiffahrt ergeben, vorgestellt worden sind, wird ein Kuriosum, das bei der Lektüre von Seefrachtenmarktberichten anfangs rätselhaft erscheinen mag, leicht seine Erklärung finden. — Für kurze Strecken werden oft höhere Raten ausgemacht als für längere; wie ist das zu verstehen? — Hier muß in erster Linie auf die Verschiedenheit der Kosten verwiesen werden, die den Reedern durch das Anlaufen der betreffenden Häfen entstehen. Allgemein werden also folgende Erklärungsgründe in Betracht kommen: 1. die Höhe der Hafenabgaben, evtl. auch der Kanalabgaben, 2. die verschiedene Größe des Risikos, das mit dem Anlaufen von Häfen verknüpft ist, 3. die Höhe der Preise für Kohle oder Öl auf der betreffenden Route, 4. die Staufähigkeit der Güter, 5. die Wahrscheinlichkeit, mit der auf Rückfracht gerechnet werden kann, 6. endlich auch die Länge des Weges.

Punkt 4 bedarf noch einer Erklärung. Es erregte gelegentlich

[1] I. u. H. vom 1. Dezember 1928.

[2] Zit. bei Helander: a. a. O. S. 262 u. 263.

Aufsehen[1], daß von Südfinnland nach Bremen niedere Raten erzielt wurden als von Leningrad nach Bremen, trotzdem die Reeder in südfinnischen Häfen anscheinend mehr Kosten zu entrichten hatten. In der Begründung dieser Erscheinung wurde neben den hohen Hafenkosten und neben der Tatsache, daß die Verladung in Leningrad langsamer vor sich geht, hervorgehoben, daß bei Schnittholz in Leningrad gewöhnlich ein Stauverlust von 5—7% gegenüber Finnland zu verzeichnen ist. Die Beschaffenheit der Ware bedingt also, daß, um das gleiche Quantum Holz wie in Finnland verladen zu können, in Leningrad mehr Tonnage erforderlich ist.

## C. Die Wirkung des Preises auf Angebot und Nachfrage.

### 1. Das Tonnageangebot im Zeichen steigender Raten.

In den voraufgegangenen beiden Abschnitten ist von dem Einfluß gesprochen worden, den die Nachfragenden und die Anbieter am Seefrachtenmarkt von sich aus bei der Preisbildung auszuüben vermögen. Inwieweit umgekehrt die Preisbewegungen die Handlungen der Marktparteien beeinflussen, soll Gegenstand der folgenden Betrachtungen sein.

Wenn sich in einer Verkehrsrelation im Verhältnis zum Bedarf ein Mangel an Tonnage geltend macht, so pflegt sich das wirtschaftlich in der Preisbildung zu zeigen. Ein Preis, der einen unverhältnismäßig hohen Ertrag in sich schließt, reckt sich über den betreffenden Teilmarkt alarmierend empor, und nun wenden sich Schiffe aus Gebieten mit weniger lohnenden Raten diesem Markte solange zu, bis es hier nicht mehr zu gewinnen gibt als auf anderen Verkehrsrouten. Die Preisbildung korrigiert in diesem Falle lediglich zufällige Mißverhältnisse von Angebot und Nachfrage. Den Preisbewegungen folgen Schiffsbewegungen, bis ein Gleichgewichtszustand hergestellt ist; das ist ein ständig zu beobachtender Vorgang.

Anders jedoch, wenn sich in der angenommenen Relation ein ganz erheblicher Tonnagemangel bemerkbar macht, hervorgerufen etwa durch plötzliche umfangreiche. Requisition von Handelsschiffen seitens einer Regierung. Jetzt werden die Reeder in erheblichem Maße ihre Schiffe in diesem lohnenden Markt unterzubringen versuchen. Andere Märkte werden so den Tonnagemangel gleichfalls zu spüren bekommen. Wollen hier die Verlader — gebunden

[1] Nach den Ausführungen in der Hansa vom 1. Januar 1927, S. 40.

an die prompte Erfüllung ihrer Lieferungsverträge — verhindern, daß die Schiffe in andere Zonen versegeln, so müssen sie wohl oder übel Raten bewilligen, die mindestens denen gleichkommen, die die Reeder an anderen Orten zu erzielen vermögen. Mit der allgemeinen Knappheit an Schiffsraum am ganzen Seefrachtenmarkt setzt sich so nach und nach eine Erhöhung der Transportraten durch und es muß nun auf längere Sicht mit hohen Raten gerechnet werden. Welche Energien vermag diese Markterscheinung auf das Angebot von Tonnage auszulösen?

Die erste Folge der höheren Raten liegt nahe. Schiffsraum, der durch die Preisbildung von den letzten Märkten ausgeschlossen war, wird wieder rentabel und kann daher wieder in den Dienst gestellt werden. Ferner wirkt sich die Hausse am Seefrachtenmarkt in einer Mehrung der Neubauaufträge aus und in der Begründung neuer Reedereiunternehmen. Diese immer wiederkehrenden Begleiterscheinungen steigender Raten finden ein getreues Spiegelbild in den Vorgängen an der Börse. Wer als Fernstehender die Ratenbewegung nicht verfolgt hat, dem werden die hohen Dividenden, die die Reedereien ausschütten, dazu verlocken, in Schiffahrtswerten sein Geld anzulegen. Die anhaltende Steigerung der Frachtraten in den Jahren 1915/16 rief z. B. in Norwegen eine lebhafte Spekulation in Schiffahrtspapieren auf den Plan. Hierbei ereigneten sich Szenen, die den Vorgängen in der Rue Quincampaix zur Zeit der Lawschen Unternehmungen würdig an die Seite gestellt werden können. In Hotels, Cafés[1], überall wurden Anteile an Dampfergesellschaften gehandelt. Schon nachts nahmen die Leute Aufstellung vor den Kontoren der Aktienmakler, um Anteilscheine zu erhalten und zwar nicht von nur bestimmten Gesellschaften, sondern einfach Schiffahrtsaktien. Die Spekulanten waren Leute, denen jeder Überblick über Dauer und Grundlage der Konjunktur fehlte, u. a. Studenten, Kontoristen, Schüler usw. Um die Anzahl der Investierungseinladungen bewältigen zu können, mußte „Norges Szöfarts-Hach Handels-Tidning“ den Umfang ihrer Ausgabe von 8 auf 20 Seiten erweitern.

Verfügen die Reeder über die notwendigen finanziellen Mittel, so liegt ihnen daran, ihre Expansionspläne so schnell wie möglich ausgeführt zu sehen, denn niemand weiß, wie lange die gute Konjunktur am Seefrachtenmarkt noch andauern wird. Es entsteht daher ein Kampf zwischen Reeder und Werften um die günstigsten Lieferungsbedingungen, und im Verlauf dieses Kampfes werden die Preise für Neubauten in die Höhe getrieben. Aber in der Er-

---

[1] Hier folgen wir Wingen, O.: a. a. O. S. 34 u. 35.

wartung, daß die zukünftige Ratenentwicklung diesen Mehraufwand rechtfertigen wird, werden auch Aufträge zu erhöhten Preisen an die Werften erteilt.

Für die Zeit, die der Bau gegenwärtig gängiger Typen erfordert, werden folgende Daten genannt[1]:

Bauzeiten für einzelne Schiffstypen:

| | 1914 | 1929 |
|---|---|---|
| Frachtdampfer 7000 t . . . . . . . . . . . . . | 12 Monate | 11 Monate |
| Kombinierter Dampfer 7000 t . . . . . . . . | 14 „ | 11 „ |
| Tankdampfer 4000 t . . . . . . . . . . . . . | 11 „ | 10 „ |

Diese Lieferzeiten verlängern sich etwa um drei Wochen, wenn statt Dampfmaschinen Ölmotoren als Antriebskräfte eingebaut werden.

Eine noch weitergehende Verkürzung der Bauperiode für die genannten Schiffstypen würde, den gegenwärtigen Stand der Technik vorausgesetzt, nur unter Beeinträchtigung der Tonnagequalität möglich sein. Dennoch mögen in der während einer Hausse herrschenden Eile solche Experimente unternommen werden. — Amerika hat sich während des Krieges daran gemacht, durch streng gebundenen Serienbau die Lieferungszeit der Schiffsneubauten zu verkürzen. Der Versuch stellte sich als ein Fehlschlag heraus. Serienschiffe berücksichtigen die speziellen Bedürfnisse der Handelsschiffahrt hinsichtlich Tiefgang und Anpassungsfähigkeit der Tonnage an das Ladungsangebot nicht genügend. In Deutschland beschränkte man sich auf die Normung von Konstruktionsteilen in Schiff- und Maschinenbau[2]. Der Erfolg geht aus obigen Zahlen hervor.

Noch eine andere Konsequenz wäre in Anbetracht der steigenden Raten möglich. Es wäre denkbar, daß die Reeder zur vollkommenen Ausnutzung des „booms" sich zusammenschließen, um die Konkurrenz untereinander so weit wie möglich ausschalten zu können. Hierfür ist mir aus der Internationalen Frachtschiffahrt allerdings kein einziges Beispiel bekannt geworden. Aber vielleicht sind bestimmte Vorgänge in der englischen Seeschiffahrt geeignet, die eben ausgesprochene Vermutung berechtigt erscheinen zu lassen. Wer beobachtet hat, mit welch hartnäckigem Widerstreben die englischen Reeder vor dem Kriege an den Gedanken eines festen Zusammenschlusses untereinander herangingen, dem muß die Beschleunigung auffallen, mit der nach 1914,

[1] Diese Daten erhielt ich durch freundliche Vermittlung des Herrn Generaldirektors Franz Stapelfeldt von der Deutschen Schiffs- und Maschinenbau-Aktien-Gesellschaft, Bremen.

[2] Pantlen: a. a. O. S. 30.

als die Raten zu steigen begannen, die Zusammenschlußbewegung in der englischen Seeschiffahrt sich durchsetzte. Für diese Eile wird man u. a. als Erklärung wohl den Wunsch in Anspruch nehmen dürfen, sich das gute Geschäft gegenseitig nicht zu verderben; denn sechs Großkonzerne können sich über ihre Preispolitik eher verständigen, als die vielen Häupter der kleineren Reedereien. — Overzier, der die Zusammenschlußbewegungen in der englischen Handelsschiffahrt untersucht hat[1], ist von dieser Seite an seine Aufgabe überhaupt nicht herangetreten.

## 2. Die Nachfrage im Zeichen steigender Raten.

Die Erhöhung der Raten pflegt die Nachfrage nach Tonnage zu einer abwartenden Haltung zu veranlassen, wenn die Steigerung der Transportpreise nur lokaler Natur und lediglich auf eine unzweckmäßige Verteilung der sonst genügend vorhandenen Schiffsräumte zurückzuführen ist. Ist aber die Lage so, daß tatsächlich eine Knappheit an Transportmitteln im Verhältnis zum Bedarf vorhanden ist, dann muß der höhere Preis dadurch Ordnung schaffen, daß er einen Teil der Nachfragenden vom Markte einfach ausschließt. Der Absatz der Güter wird infolge der höheren Raten erschwert.

Es liegt nahe, die Folgeerscheinungen der hohen Transportpreise mit jenen hoher Zölle auf eine Stufe zu stellen. Tatsächlich werden aber die Zölle in ihren Auswirkungen noch übertrumpft durch die Folgen, die hohe Frachten für eine Volkswirtschaft mit sich bringen. — Während es ein alter Grundsatz merkantiler Politik ist, Rohstoffe von Zöllen durchweg unbehelligt zu lassen, wird von den hohen Frachten rücksichtslos alles betroffen, was Tonnage in Anspruch nimmt. In erster Linie hat unter dieser Strenge der Bedarf an Gütern zu leiden, die zum Leben unentbehrlich sind, jener Bedarf also, der am wenigsten elastisch ist. Immer größere Teile ihres Einkommens müssen unter sonst gleichen Umständen die einzelnen lediglich für Ernährungszwecke ausgeben. Andere Wünsche müssen demgegenüber zurücktreten. Die Folge ist, daß für Güter, auf die sich der Bedarf nunmehr konzentriert, die Preise so hoch steigen, bis die Aufwendung der erhöhten Transportkosten für die Beschaffung dieser Güter Gewinn bringen wird. So erlebten die australischen Landwirte in der Zeit einer sehr guten Ernte (1915) dennoch hohe Preise. Das erklärt sich eben zum Teil dadurch, daß für die Inanspruchnahme von Schiffsraum sehr hohe Raten bezahlt werden mußten, wenn man

[1] W. A. **15**, 22ff.

überhaupt Tonnage nach australischen Getreidehäfen locken wollte[1].

Je länger der Tonnagemangel anhält, desto tiefgreifender wird die strukturelle Veränderung, die die einzelnen Volkswirtschaften erleiden müssen. Die Preisveränderung am Seefrachtenmarkt zieht nach und nach Preisveränderungen an allen übrigen Märkten nach sich. Industrien, deren Produktionsumfang im wesentlichen auf einer bestimmten Höhe der Transportkosten beruhte, können in dem hergebrachten Ausmaße nicht weiter produzieren. An ganz anderen Orten der Weltwirtschaft werden, sofern die notwendigen Voraussetzungen gegeben sind, durch die neue Transportpreisgestaltung begünstigte Konkurrenzunternehmen ins Leben gerufen und ausgebaut.

## 3. Das Mengenproblem am Seefrachtenmarkt.

Glücklicherweise dauert es nicht immer fünf Jahre, bis es den Reedern endlich gelingt, den gesteigerten Bedarf mit einem entsprechenden Angebot nachzukommen. Wie verhältnismäßig schnell die Reeder durch Ausdehnung ihres Angebots unter normalen Umständen auf Preiserhöhungen als Zeichen vermehrten Bedarfes zu reagieren vermögen, machen folgende Beobachtungen auf dem Gebiete des Tankfrachtenmarktes klar.

Im Jahre 1912 wurden die Tankreeder von einer lebhaften Bedarfssteigerung nach Frachtraum für Öl und Benzin geradezu überrascht. Die Rate für Ölfracht von den Vereinigten Staaten von Nordamerika nach Europa, die 1911 10/— betragen hatte, stand Ende 1912 auf 70/—. 1911 waren 13 Tankdampfer mit etwa 60000 t in Bau. Im Oktober 1912 war eine Höchstsumme von 86 Dampfern mit 469000 t erreicht[2]. Eine ganz ähnliche Situation zeigte der Tankfrachtenmarkt Anfang 1927. Man hatte geglaubt, die vorhandene Tankertonnage reiche nun endgültig für den Bedarf aus. Da zeigte sich, daß in 1927 die Nachfrage stärker denn je war. So konnten die Raten für raffiniertes Öl vom Golf von Mexiko nach U. K. Kontinent sich auf 51/— halten. Ein Jahr später, im Februar 1928, zahlte man nur noch 16/—[3]. (Januar 1929 14/6[4].) Die Tankflotte der Welt, die Ende 1925 939 Schiffe mit 5177630 BRT. umfaßte, war Ende 1927 auf 1050 Schiffe mit 5850000 BRT. vermehrt worden[5], und dem Tempo entsprechend, mit dem die Einstellung der Neubauten in die Fahrt erfolgte, sanken die Raten.

[1] Wingen: a. a. O. S. 18. [2] Huldermann: a. a. O. **1913**, 21.
[3] Hansa vom 4. Febr. 1928, S. 252. [4] W. D. vom 8. Febr. 1929, S. 237.
[5] Hansa vom Februar 1928, S. 321.

In beiden Fällen — und das macht sie besonders interessant — erfolgte der ansehnliche Ausschlag der Preiskurve nach oben, weil die Spekulation auf weitere Zunahme des Bedarfes unter steigenden Raten ausgeblieben war.. Die Reeder hatten sich über die zukünftige Marktentwicklung einfach getäuscht, hatten den kommenden Bedarf in seinem Umfang unterschätzt. — Ebensogut ist es möglich und vielleicht häufiger kommt es vor, daß die Reeder die Marktmöglichkeiten überschätzen. Hierzu zwei Beispiele.

Als in den neunziger Jahren[1] der ostasiatische und der südafrikanische Krieg eine künstliche Tonnageknappheit schufen, reagierte die Spekulation auf die steigenden Raten, indem sie, von Optimismus berauscht, Dampfer über Dampfer in Auftrag gab. Niemand hatte daran gedacht, daß mit der zunehmenden Industriealisierung Nordamerikas der Eigenverbrauch dieses Landes zunehmen und infolge davon die Ausfuhr zum mindesten eine Zeitlang mengenmäßig geringer sein würde. Vor diese Tatsache wurde die Trampschiffahrt um die Jahrhundertwende gestellt. Die Getreideausfuhr der Vereinigten Staaten ging fühlbar zurück. Ausgleichmöglichkeiten an anderen Märkten bestanden nicht. Das Südafrikageschäft, das für einen Ausgleich in Frage gekommen wäre, litt nach dem Kriege unter einer jahrelangen Depression. Da der Import nach dem La Plata (besonders Kohle) rascher wuchs als der Export von dort, bestand dort ohnehin schon ein Mißverhältnis zwischen Angebot und Nachfrage. Erst 1910 begann der Umfang des Weltverkehrs, vor allem gestützt auf die neu einsetzende Belebung des amerikanischen Außenhandels, sich wieder der Größe der Welthandelsflotte zu nähern[2].

In jüngster Zeit hat die Weltschiffahrt ebenfalls in den Erwartungen, die sie sich auf Grund ganz außergewöhnlicher Ratensteigerung von der Zukunft der Marktgestaltung gemacht hatte, eine bittere Enttäuschung erlebt. Unter dem Drucke der Verhältnisse der Jahre 1914—1918 war der Bedarf der Regierungen nach Tonnage schier unermeßlich gewesen. Die Knappheit, der durch Schiffsversenkung immer wieder nachgeholfen wurde, versprach noch auf längere Zeit hin unüberwindlich zu bleiben. Ja selbst, wenn der Krieg beendet sein würde, so müßte der wiedereinsetzende Güterbedarf der Völker, der vier Jahre hindurch auf ein äußerstes Maß eingeschränkt geblieben war, bewirken, daß die Konjunktur auch noch ein gutes Stück in die Friedenszeit hinein andauern würde[3]. Die betreffenden Reeder haben sich bei ihrer Beurteilung der künftigen Marktlage geirrt. Sie haben den Nachfragerückgang,

---

[1] Huldermann: a. a. O. **1909**, 50 u. 51; ebenso Murken: a. a. O. S. 139.
[2] Huldermann: a. a. O. **1911**, 6. [3] Helander: W. A. **14**, 80.

wie er sich aus der dauernden Vernichtung von Kaufkraft ergab, in dem Maße nicht vorhergesehen. Sie hatten auch unter dem Einfluß der Hausse-Psychose nicht bedacht, daß sich der Bedarf auf andere, weniger Tonnage beanspruchende Güter umstellen könnte.

Es ist, wie aus dem Gesagten erhellt, eine der schwierigsten, aber im Hinblick auf die dauernde Rentabilität des Unternehmens auch eine der wichtigsten Aufgaben der Reeder, die Marktmöglichkeiten richtig einzuschätzen.

Wenn Trampreeder bereits im Dezember ihre Schiffe nach dem La Plata dirigieren, um an den erst im Januar beginnenden Ernteverschiffungen als erste teilzuhaben, wenn sie aus gleichen Gründen bereits Ende November ihre Schiffe in den spanischen Fruchtmarkt senden[1], so ist dieses das Ergebnis der Erfahrung, die sie in der Beurteilung der wahrscheinlichen Gestaltung der Marktbegebenheiten sich erworben haben. Diese Art der Disposition über die Schiffsräumte kann zwar die Transportpreisschwankungen an den betreffenden Märkten nicht verhindern, wohl aber kann sie das Aufkommen alarmierender, den Absatz der Güter erschwerender Ratensteigerungen ausschließen. Die preissenkende Wirkung der Spekulation bricht sich Bahn.

Dennoch bleibt der Reeder bei den Maßnahmen, die er zur Bezwingung der von ihm erwarteten Zukunftsaufgaben trifft, von Faktoren bedroht, die er bei Aufstellung seines Planes nicht mit in Rechnung stellen konnte. Folgende zwei Fälle erscheinen in diesem Zusammenhang beachtenswert.

1. An der Ausnutzung einer Schiffahrtskonjunktur sind nicht die Reeder allein interessiert; vor allem auch sind es die Werften. So hatten in England zu der übertriebenen Vergrößerung der Trampreedereien gegen Ende der neunziger Jahre nicht zuletzt die Werften selbst beigetragen, die durch ungesunde Finanzierungsmethoden die Reeder zur Erweiterung ihres Bauprogrammes verleitet hatten[2]. Inwieweit die durch solche Machenschaften unter dem Gesichtspunkte einer wirtschaftlichen Ratio getroffenen Maßnahmen der Reeder durchkreuzt werden, ist zuvor nicht zu übersehen.

2. Angenommen, ein Reeder habe eine kommende Marktaufgabe richtig erkannt und seine Dispositionen auch im Sinne höchster Wirtschaftlichkeit getroffen. Dennoch können alle Mühen und Kosten vergebens gewesen sein, wenn nämlich zu viele Reeder gleichzeitig dasselbe getan haben, jeder in dem Glauben, daß die

[1] Hansa, Mai 1928, S. 764. — Die See 1928, Nr 9.

[2] Huldermann: a. a. O. 1911, 11.

Entschlüsse der anderen zu spät getroffen werden würden. Ein Fall, der gerade an den Getreidemärkten trotz des vorzüglichen Nachrichtendienstes sich gelegentlich wiederholt[1]. In einem solchen Falle entscheidet bei der Preisbildung der Überfluß an Tonnage. Die Produktionskosten kommen (für diesen Augenblick) so wenig in Betracht, daß der Verkäufer sich nur lächerlich macht, wenn er sich darauf beruft (Thünen)[2]. Nun kann aber auch ein Zuviel an Tonnage durch Umstände herbeigeführt werden, auf die die Reeder direkt keinen Einfluß nehmen können. Die Hoffnungen der Schiffahrtsunternehmer können z. B. dadurch getäuscht werden, daß Hafenverbesserungen, die inzwischen fertiggestellt worden sind, sich auswirken. Die Liegezeiten der Schiffe können infolgedessen abgekürzt werden, die Umlaufsgeschwindigkeit der Schiffe erhöht sich, und ein gesteigertes Angebot ist da. Oder ein Großschiffahrtskanal, z. B. der Suezkanal, ist dem Verkehr übergeben worden. Die Wegkürzung macht sich in einer Vermehrung des Angebots an Räumte spürbar. Man verfügt in diesem, wie im vorhergenannten Fall, über keinerlei Erfahrung, um den Erfolg dieser Neuerung früh genug richtig einschätzen zu können. Als letzter Punkt, den der Reeder im Augenblick der Betätigung seines Unternehmungsgeistes nicht berücksichtigen kann, sei noch dieser vorgetragen. Der technische Fortschritt in der Seeschiffahrt bringt es mit sich, daß nach Ablauf bestimmter Zeitperioden die Bestimmungen über die Tiefladelinie den neuen Verhältnissen angepaßt werden müssen. Im Jahre 1906, wo der Markt bereits mit Tonnage überbürdet war, wurden dem Angebot von Räumte durch Änderung der Tiefladebestimmung in England rund 1 Million Tons noch zugefügt[3].

Diese Fälle geben deutlich zu erkennen, daß Hemmungen am Werke sind, die sich dem Versuche Angebot und Nachfrage aneinanderzupassen, immer wieder in den Weg stellen.

Der Tonnageüberfluß, wie er z. B. durch die im letzten Abschnitt aufgeführten Ursachen entstehen kann, muß durch Ratensenkung um Absatz ringen.

## 4. Das Tonnageangebot im Zeichen sinkender Raten.

Sobald das Ratenniveau zu sinken beginnt, zeigt sich, daß auch der Transportpreis, wie jeder Preis überhaupt, nicht eine Art Lohn ist, der dem Anbieter seine Mühen und Kosten freigebig vergütet. Der Preis stellt lediglich die Marktgegebenheiten fest,

[1] W. D. **1928**, 229.
[2] Thünen: Der isolierte Staat. S. 528. Jena 1921.
[3] Huldermann: a. a. O. **1909**, 47/48.

und indem er das tut, übt er einen bestimmenden Einfluß auf die Marktparteien aus. Wer sich nach den Gegebenheiten des Marktes zu richten verstanden hatte, bleibt am Markte willkommen, wer nicht, muß als Anbieter ausscheiden oder — er muß seinen Geist ein wenig anstrengen, um darüber nachzudenken, wie er sein Angebot den Objektivitäten des Marktes — an deren gegenwärtiger Gestaltung er selbst mitgewirkt hat —, besser anzupassen vermag.

Sobald die letzten günstigen Raten für den Reeder nicht mehr durchzuholen sind, braucht der Reeder keineswegs die neuen, niederen Gebote sogleich anzunehmen. Er kann auf die guten Ergebnisse der Hausse gestützt abwarten, um zu sehen, wohin der Hase läuft; oder er kann nach einem anderen Markt versegeln, der ihm noch die höheren Raten zu gewähren verspricht. Werden jedoch diese Auswege immer seltener, ist also die sinkende Tendenz der Raten eine allgemeine Tatsache geworden, so müssen die Reeder sich wohl oder übel mit der neuen Marktsituation abfinden. Es fragt sich nur wie?

Die einfachste Lösung wäre es wohl, wenn jetzt Kapital sofort aus der Seeschiffahrt herausgezogen werden könnte, um in andere, mehr Gewinn versprechende Unternehmen abzuwandern. Dieser Umstellungsprozeß erfordert immerhin Zeit. Nimmt der niedere Ratenstand, nimmt die Ertragslosigkeit den Charakter einer Dauererscheinung an, dann werden die niederen Raten auf die Dauer unbedingt ihre Schuldigkeit tun und durch Ausschluß von Schiffsräumte, Angebot und Bedarf doch wieder aneinander anpassen. Fürs erste jedoch stoßen die Energien, die von den gesenkten Preisen auf das Angebot ausgehen, auf Widerstand. Es ist eben leichter mit einem neuen Angebot von Schiffsraum an den Markt zu treten, als damit, ohne Verlust zu nehmen, wieder zu verschwinden. Ein weiteres Hemmnis liegt darin, daß es meistens ganz unmöglich ist, die mehr oder weniger zufälligen Bedarfsquellen der Zukunft in ihren richtigen Stärkegrad vorherzusehen. Erfahrungsgemäß sind auf Zeiten, in denen die Trampreeder ihr Geschäft mit Verlust vollführten, wiederum Zeiten gefolgt, die solche Gewinne brachten, daß auch die Verluste der vorhergegangenen Jahre wieder ausgeglichen wurden. Die Klagen über den Tonnageüberfluß verstummten, als man sich dem Verladebedarf gegenüber, wie ihn der Ausfall der englischen Kohlenförderung in 1926 mit sich brachte, vor einem Tonnagemangel gestellt sah. Unter diesen Gesichtspunkten wird es begreiflich, wenn die Trampreeder niederen Raten gegenüber — auch dann, wenn sie sich über einen beträchtlichen Zeitraum hin behaupten — dennoch kühles Blut bewahren und nicht daran denken wollen, ihr Tonnageangebot aus dem Markte zu nehmen.

Durch diese Spekulation a la hausse der Raten wird zeitweilig — das ist unbestreitbar — mehr Kapital im Schiffsgewerbe gebunden, als es der Augenblick erfordert. Auf die Dauer betrachtet dürfte jedoch diese Rücksichtnahme auf die Zukunft für die Gesamtwirtschaft sich rationeller erweisen, als wenn jede Ausdehnung des Tonnagebedarfes sich erst durch eine beträchtliche Ratensteigerung bemerkbar machen müßte. Die Spekulation hilft somit, die Gegenwart mit der Zukunft unter weniger heftigen Preisschwankungen zu verknüpfen.

Drei Wirkungen sind es besonders, die mit dem niederen Ratenstand immer wieder in Erscheinung treten:

1. Dort, wo es noch möglich ist, erteilte Neubauaufträge zu annullieren, pflegt man es zu tun. Die allgemeine geschäftliche Depression in 1907/08 veranlaßte z. B. Ballin zur Einstellung der Bautätigkeit[1]. Der einer englischen Werft erteilte Auftrag für einen großen Passagierdampfer wurde zurückgenommen. — Im Frühjahr 1928 bewirkte die nachhaltend weichende Tendenz am Tankfrachtenmarkt, daß Aufträge auf neue Tanker plötzlich zurückgezogen wurden[2].

2. Als eine andere Folge der niederen Raten ist der Versuch zu kennzeichnen, sich den zuspitzenden Marktverhältnissen durch Verkauf von Schiffen zu entziehen. Hierbei ist zweierlei zu unterscheiden: einmal der Verkauf an andere Reeder, dann der Verkauf auf Abbruch. Der Verkauf an andere Reeder ist lediglich ein privatwirtschaftlicher Vorgang, wodurch an der Tatsache des Tonnageüberflusses zunächst nichts geändert wird. Im Gegenteil, gerade die so abgestoßene Tonnage tritt als besonders unangenehme Konkurrenz oft in den Dienst wieder ein. Nicht nur, daß der neue Eigentümer das Schiff unter recht günstigen Bedingungen erworben hat, sondern oft genug kommen die Käufer aus Ländern, die hinsichtlich der Heuern, Verpflegungskosten und Sozialabgaben für die Besatzung, nur sehr geringe Ansprüche an die Reeder stellen. Auf diese Art und Weise ergeben sich auch für die Betriebskosten geringere Aufwendungen, als sie von dem Unternehmen vor allem der großen seegehenden Nationen bestritten werden müssen. Oft sehen sich aber auch große Linienreedereien durch günstige Ankaufsgebote dazu verleitet, ihre Flottenbestände durch Käufe zu ergänzen, vorausgesetzt, daß die Qualität der Tonnage den

---

[1] Huldermann: Albert Ballin. S. 161.

[2] Hansa, März 1928, S. 483 und Hamburger Fremdenblatt vom 30. Oktober 1928, Artikel: Rückgang im Tankschiffbau.

erhöhten Ansprüchen der Reedereien von Namen genügt. Hapag und Lloyd z. B. waren in 1927 bemüht, die Zahl ihrer Schiffseinheiten durch Zukauf brauchbarer und dabei billiger Schiffe zu vergrößern[1]. Als besonders markantes Beispiel in diesem Zusammenhang erfolgte 1927 die Übertragung der gesamten White-Star-Flotte aus den Händen der Immco an die Royal Mail[1]. Zieht aber der Verkauf von Tonnage, die im Verkehr bleibt, eine zweckdienlichere Verteilung des Angebots nach sich, so ist sehr wohl denkbar, daß trotzdem die Angebotsmenge dieselbe geblieben ist, doch ein besseres Ratenniveau erreicht werden kann.

Durch den Verkauf auf Abbruch wird nun sehr wohl Räumteangebot aus dem Markte ausgeschieden, aber doch nur — wie folgende Statistik zeigt — in einem Umfang, der im Vergleich zum Gesamtangebot am Weltfrachtenmarkt von etwas mehr als 60 Millionen Tons unmerklich bleibt.

Vom Stapel gelaufene und abgewrackte Tonnage der Welt (in Mill. BRT.) und durchschnittliche Dividende der englischen Trampreedereien. 1909—1913 und 1919—1925[2].

| Jahr | Vom Stapel gelaufene Tonnage | Abgewrackte Tonnage | Durchschnitts-Dividenden |
|---|---|---|---|
| 1909 | 1,602 | 0,252 | 1,89 |
| 1910 | 1,958 | 0,246 | 2,30 |
| 1911 | 2,650 | 0,171 | 3,73 |
| 1912 | 2,902 | 0,122 | 6,82 |
| 1913 | 3,333 | 0,088 | 12,56 |
| 1919 | 7,145[1] | 0,010 | 12,47 |
| 1920 | 5,862[1] | 0,008 | 11,48 |
| 1921 | 4,342 | 0,078 | 8,13 |
| 1922 | 2,467 | 0,315 | 5,79 |
| 1923 | 1,643 | 0,963 | 4,81 |
| 1924 | 2,248 | 1,174 | 3,08 |
| 1925 | 2,193 | 0,653 | 3,66 |

[1] unvollständig.

Immerhin helfen diese Zahlen die These begründen, daß in Zeiten wenig ertragreicher Raten eine Tendenz zur Verminderung der Zahl der Neubauaufträge und zur Vermehrung der Abwracktonnage sich bemerkbar macht.

3. Je länger der Ratentiefstand sich behauptet, desto ernster beginnt man in Reederkreisen das Problem der Auflegung von Schiffen von neuem zu erörtern. Wenn die Reeder im Falle wenig

[1] Erdmann: R.: Der Entwicklungsgang der Seeschiffahrt im vergangenen Jahr. Hansa, Januar 1928, S. 18ff.

[2] Helander: a. a. O. S. 36, dort zitiert nach Lloyds Register und „Fairplay".

lohnender Raten nicht sofort ihren Betrieb einstellen, so liegt das u. a. auch daran, daß die Auflegung von Tonnage gleichfalls Kosten erfordert. So lange jedoch die Verluste aus der Aufrechterhaltung der Schiffahrt das geringere Übel sind im Vergleich mit den Verlusten aus der Auflegung, solange kommt eine Stillegung kaum in Frage. Zudem reizen die Erfahrungen, die die Reeder mit der Auflegung von Tonnage gemacht haben, keineswegs zu einer lebhaften Sympathie für das Experiment. Legt ein einzelner Trampreeder seine Schiffe auf, so ist damit für eine Besserung des Ratenniveaus gar nichts zu erhoffen. Eine Verständigung auf breiterer Basis ist schon eine Hauptbedingung, wenn überhaupt eine merkliche Verknappung von Schiffsräumte herbeigeführt werden soll. Ist nun eine Verständigung zum Zwecke der Auflegung von Schiffen unter den Interessenten von mehreren Nationen zustande gekommen, dann entsteht der Streit darüber, welche Tonnage aufgelegt werden soll. Man einigt sich hier meistens — wie Professor Kojima-Tokio hervorhebt[1], auf einen bestimmten Prozentsatz, weil das den Reedern am angenehmsten ist. Sie brauchen auf diese Art ihren Konkurrenten nichts über die eigentliche Höhe der Betriebskosten ihrer Schiffe und auch nichts über die Kosten zu verraten, die ihnen die Auflegung verursacht. Volkswirtschaftlich wird aber durch diese Praxis verhindert, daß der niedere Preis mit wünschenswerter Konsequenz seine Pflicht tun kann. Denn bei einer prozentualen Auflegung von Schiffen kann es nicht vermieden werden, daß Tonnage, die auf die Abwrackwerft gehört, im Dienst bleibt und andere, die noch nicht aufgelegt zu werden brauchte, stillgelegt wird. Angenommen, die Auflegung habe in dem betreffenden Teilgebiet des Weltfrachtenmarktes Erfolg, die Raten beginnen sich zu bessern. Können die Reeder jetzt ungeschmäht ernten, was sie durch ihre Verständigung untereinander gesäet haben? Hierauf gibt Kojima[1] diese Antwort: ... The combination is dissolved when the business gets a little lively and the freight rate becomes greater than the laying-up point even though it be below the cost of the marine service. Wie sehr dieser Darstellung des Problems recht zu geben ist, beweist das Beispiel der aufgelegten amerikanischen Tonnage[2]. Immer, wenn in der Zeit von 1919—1926 leichte Anzeichen einer Besserung

[1] Kojima: a. a. O. 1926, S. 102.

[2] Hansa vom 15. August 1928. Ferner Jber. d. Flensburger Dampfer-Compagnie für 1926. Der Bericht führt aus, daß in die die Gesellschaft hauptsächlich interessierende Baumwollfahrt von Texas der U. S. Shipping Board bei eintretender Nachfrage aufgelegten Dampferraum in die Fahrt einstellte und so eine Steigung der Frachtraten nicht zuließ.

sich bemerkbar machten, wurden bisher aufgelegte Schiffe wieder in die Fahrt eingestellt, mit dem Erfolg, daß jede Besserung der Raten unmöglich gemacht wurde.

Neben der Gefahr der latenten Konkurrenz aus den eigenen Reihen muß die Auflegungsvereinigung im Falle des Erfolges damit rechnen, daß Trampreeder aus anderen Gegenden des Weltmarktes von den höheren Raten herbeigelockt, in das Gebiet der Vereinigung eindringen und so das Ratenniveau wieder verwässern. Es müßte also schon eine Verständigung unter den Reedern über ein gemeinsames Auflegungsprogramm die überwiegende[1] Mehrzahl aller Trampreeder der Welt umfassen, wenn man Schiffsbewegungen, die das künstlich heraufgezüchtete Preisniveau stören könnten, hintanhalten will. In Wirklichkeit dürfte allerdings die Vereinigung so vieler Köpfe und Meinungen unter einem Hut auf sehr große Schwierigkeiten stoßen; und selbst eine so weitgreifende Vereinbarung unter den Reedern würde es nicht hindern können, daß bei einer bestimmten Ratenhöhe ganz neue Unternehmungen am Markt sich zu beteiligen versuchen würden. — Es ist, wie hieraus erhellt, doch nicht so ganz einfach, sich auf längere Zeit dem Machtspruch ökonomischer Gesetze zu entziehen. Die Depressionsperioden am Seefrachtenmarkt würden an Länge verlieren, wenn der Bereinigungsprozeß, mit dem die Depression geradezu eine wichtige Mission zu erfüllen hat, durch möglichst wenig widerstrebende Experimente aufgehalten würde. Dem italienischen Autor wird man wohl recht geben müssen, der gelegentlich im „Corriere Mercantile[2]" so seine Ansicht formulierte: Toute tentative pour porter remède à la crise (gemeint ist die Schiffahrtskrise) est restée jusqu'ici tout à fait vaine, à la suite des circonstances aussi complexes que variées. Seul le jeu des lois économiques pourra, au cours de longues années, rétablir l'équilibre...

Um auf Grund des gegebenen sehr niederen Ratenniveaus sich dennoch eine befriedigende Gewinnquote zu erwirtschaften, bemühen sich die Reeder, die Kosten herabzumindern. Das kann zunächst im eigenen Betriebe geschehen. Ballin war bemüht, mit der schärfsten Sparsamkeit in den Ausgaben des großen Einnahmeausfalls im Jahre 1908 Herr zu werden[3]. Auch jetzt wird aus Reederkreisen oft darauf hingewiesen, daß es gelungen sei,

---

[1] Kojima fordert, daß alle „tramp-owners" der Welt in die Kombination einwilligen müßten (a. a. O. **1926**, 103). Giese (a. a. O. S. 82) ist der Auffassung, daß mindestens 80% der freien Schiffahrt sich kartellieren müßte, wenn die Konkurrenz unwirksam gemacht werden soll.

[2] Zit. in l'Information vom 30. September 1928.

[3] Huldermann: Albert Ballin. S. 161.

durch größere Sparsamkeit die Kosten weiter erheblich zu verringern[1]. Die Wege, auf denen dieses Ziel angestrebt wird, waren nicht zu allen Zeiten dieselben.

In den Jahren, in denen die Vervollkommnung des Dampfschiffbaues noch sehr in der Entwicklung begriffen war, hatte es für die Reeder in Krisenperioden seine besonderen Schwierigkeiten an einem Kostenkomplex, wie ihn ein Dampfer jener Zeit vorstellte, beträchtliche Einsparungen vorzunehmen. Man half sich durch Einstellung und Neubau von Seglern. Die Statistik des englischen Schiffbaues zeigt, daß während der Krisis von 1875 bis 1877 und ebenso von 1884—1887 die Zahl der Neubauten bei Seglern wieder zu-, bei Dampfern hingegen abnahm[2]. Man erreichte so die Spannung an das niedere Preisniveau unter Rückkehr zu älteren und billigeren Verkehrsmitteln.

Während der langen Depression, die am Seefrachtenmarkt bald nach Kriegsende eintrat — man spricht von 7 mageren Jahren[3] — kamen den Reedern eine ganze Anzahl kostensparender Neuerungen zu Hilfe, die von den größeren Reedereien unter dem Druck der schlechten Konjunktur verwertet worden sind. Graf Roedern hebt folgende Verbesserungen, die für die Schiffahrt Bedeutung erlangt haben, besonders hervor[4]:

„Ein Vorteil vieler technischer Fortschritte der Nachkriegszeit war, daß sie sowohl für den Neubau als auch für den Umbau der Schiffe verwandt werden konnten. Von ökonomischer Bedeutung wurden die Verbesserung der Schraubenform, die Nutzbarmachung der modernen Strömungstechnik in der Umgebung der Schraube, die neue Ruderform, besonders das Oertz-Ruder, der Übergang zur Dampfturbine, schließlich die Einführung einer neuen Form für die Gestaltung des gesamten Schiffskörpers. Schon einige von diesen technischen Fortschritten stellen Verbesserungen der Antriebswirkung gegenüber dem jeweiligen, bisherigen Wirkungsgrad von 15—20% dar.“

Gleichfalls als eine Folge des ungünstigen Ratenstandes ist die Tendenz zu werten, einzelne Verkehre mit größeren Schiffen zu bedienen. Man will durch Ausnützung der wirtschaftlichen Vorteile der größeren Schiffstypen auf seine Kosten kommen. In diesem Sinne ist man bestrebt, die für die einzelnen Verkehre optimale Schiffsgröße herauszufinden. Lenz[5] gibt das durchschnittliche Maß der Frachtdampfer der deutschen Linienreede-

[1] Jber. der Flensburger Dampfer-Compagnie von 1926. Ferner Hinweis auf Erfolg der Rationalisierung bei Graf Roedern in Hansa, September 1928, S. 1567.

[2] Vgl. hierzu Sax: a. a. O. S. 176.

[3] Die Chamber of Shipping zur Lage der Schiffahrt. W. D. **1929**, 377.

[4] Graf Roedern: Wiederaufbau. Hansa, September 1928, S. 1567.

[5] Lenz: a. a. O. S. 26ff.

reien des Jahres 1913 mit 4500—5000 BRT. an. Die Suezkanalgesellschaft hebt 1928 hervor, daß die mittlere Schiffsgröße der den Kanal passierenden Schiffe, die 1916 4000 t ausgemacht hätte, gegenwärtig auf 7200 t gestiegen sei[1]. — Als Lenz 1913 sein Buch schrieb, galt noch der Satz, daß „das wirtschaftlichere Arbeiten der größeren Schiffe ohne Geschwindigkeitssteigerung" feststehe. Heute erlaubt die Motorisierung der Seeschiffahrt das wirtschaftlichere Arbeiten der großen Fahrzeuge auch mit Geschwindigkeitssteigerung. Ja, die Erfahrung hat sogar gelehrt, daß unter den Motorschiffen die schnelleren wiederum wirtschaftlicher arbeiten als die langsameren Typen.

Nun gibt es aber noch einen anderen Weg, auf dem man trotz niederer Frachtraten zur Kostendeckung gelangen kann, ohne sich deshalb viel Gedanken machen zu müssen. — Es kann nämlich ein Reeder sich eine Gewinnchance dadurch sichern, daß er die Ladelinienvorschriften innezuhalten „vergißt" und sein Schiff überlädt. Das geht natürlich auf Kosten der Seetüchtigkeit des Schiffes, Besatzung und Ladung werden in Gefahr gebracht. Die Internationale Shipping Conference ist seit 1921 energisch bemüht, die sich hieraus ergebenden Unzuträglichkeiten abzustellen. Sie kämpft zu diesem Zweck für internationale Anerkennung einer Standard-Vorschrift über Beladung von Frachtschiffen und Spezialfahrzeugen[2].

Wir wenden uns jetzt den Organisationsformen zu, die in Zeiten schlechter Konjunktur in der Seeschiffahrt Eingang finden mit dem speziellen Ziele der Kosteneinsparung, und zwar sollen zunächst jene Organisationsformen erörtert werden, die auf nationaler Basis im Laufe der letzten Jahre vorgenommen worden sind.

Die weitgehenden Sparmaßnahmen, die innerhalb der einzelnen Reedereiunternehmen ergriffen worden waren, genügten allein noch nicht, um die Anpassung an das sehr niedere Ratenniveau durchzusetzen. Es mußten darüber hinaus Verständigungen mit anderen Schiffahrtsunternehmen (derselben Nationalität) angestrebt werden, um durch zweckmäßige Organisation eine bessere Rentabilität zu erzielen. Diese Verständigungen führten entweder

---

[1] l'Information vom 3. August 1928.

[2] Hierzu die Chamber of Shipping zur Lage der Schiffahrt. W. D. **1920**, 377. Sir Robert Thomas, Besitzer der British & Continental South-Africa Line, über die Freibordfrage vor dem englischen Parlament, siehe Hansa vom 22. September 1928 — der englische Handelsminister, Sir Cunliffe Lister über Überschreitung der Ladelinie, im englischen Unterhaus, zit. in I. u. H. vom 2. August 1928. Ferner: Le chargement des navires de commerce in l'Information vom 2. August 1928.

zu Fusionen oder zu Vereinbarungen auf Zeit, zu sogenannten Betriebsgemeinschaften.

Um „die Geschäftsunkosten weiter herabzusetzen und um die Betriebsmittel rationeller verwerten zu können[1]", erfolgte 1926 die Fusion des Norddeutschen Lloyd mit der Roland-Linie, der Horn-Linie und mit der Hamburg-Bremer-Afrika-Linie. Die Hamburg-Amerika-Linie, die bereits 1920 die Levante-Linie vollständig übernommen hatte, schloß 1926 die Fusionsverträge mit der Deutsch-Australischen-Dampfschiffahrts-Gesellschaft und der Deutschen Dampfschiffahrtsgesellschaft Kosmos „zwecks Zusammenfassung der wirtschaftlichen und organisatorischen Kräfte zu einem Betriebe" ab[2].

In Frankreich[1] sind die in der Fahrt nach der afrikanischen Ostküste beschäftigten französischen Reedereien eine „Entente" eingegangen. Die Vertretung aller interessierten Gesellschaften ist, um Kosten zu sparen, ein und derselben Agentur übertragen worden und zwar mit bisher recht befriedigendem wirtschaftlichen Erfolg[3]. — Die führende französische Reederei Compagnie Générale Transatlantique gründete Anfang März 1928 mit den Chargeurs Réunies eine Arbeitsgemeinschaft unter dem Namen: Union Francaise d'Armament. Als Zweck dieser Gemeinschaft wird angegeben: Rationalisierung des Betriebes beider Gesellschaften. Jedoch behält jeder der beiden Vertragspartner volle finanzielle Autonomie. Über die praktische Auswirkung dieser Verbindung ist nichts bekannt geworden[4].

In Italien wurde zum Zwecke rationeller Betriebsführung der Zusammenschluß der Cosulich-Line mit dem Lloyd Triestino herbeigeführt. Über das Ergebnis dieser Zusammenarbeit mit der Cosulich-Line wurde vor der Generalversammlung des Lloyd Triestino am 28. Juni 1929 ausgeführt, daß diese sich hauptsächlich in der Zusammenlegung der Lebensmittel- und Einkaufsorganisationen sowie in der Propaganda- und Presseabteilung bemerkbar gemacht habe. Der Lloyd Triestino hat sich außerdem mit der Schiffahrtsgesellschaft „Sitmar" in Rom und mit der „Maritima" Italiana in Genua zu einem Lloyd Orientale zusammengeschlossen. Auf die Zusammenschlußbewegung in der italienischen Schiffahrt war die Subventionspolitik der Regierung nicht ohne Einfluß.

In der belgischen Schiffahrt mußte man unter dem Druck der Marktlage zu einer straffen organisatorischen Zusammen-

---

[1] Pantlen: a. a. O. S. 50.
[2] Deutschlands Großschiffahrt im Jahre 1928, a. a. O. S. 11.
[3] Fusion in der französischen Schiffahrt. I. u. H. vom 30. März 1928.
[4] Jber. der Chargeurs Réunis f. 1928. L'Information vom 29. Dez. 1928.

fassung schreiten. Unter der Firma „Union Finnancière et Maritime“ ist eine Dachgesellschaft gegründet worden, die die Kontrolle über den Lloyd Royale Belge, die Cie. Maritime Belge du Congo und die Cie. Africaine de Navigation ausübt[1]. Innerhalb dieser Gemeinschaft erfolgte gemäß einer kgl. Verordnung vom 27. Februar 1930 (veröffentlicht im Moniteur Belge Nr. 58 vom gleichen Datum) die Fusion des Lloyd Royale Belge und der Cie. Belge Maritime du Congo. Man hofft durch diese Fusion eine rationellere Verwaltung der beiden Handelsflotten zu erreichen.

Der Abschluß von Betriebsgemeinschaften macht das andere Mittel aus, das unter dem Einfluß der Depression in den letzten Jahren von den Reedern angewendet worden ist, um ihre Dienste auf einen möglichst hohen Grad der Wirtschaftlichkeit zu bringen. Die Betriebsgemeinschaften stellen eine sehr enge Form der Kartellierung im Bereiche der Seeschiffahrt dar. Sie machen einen genauen Einblick in die Geschäftsführung erforderlich. Hieraus erklärt sich, warum sie durchweg nur unter Reedern gleicher Nationalität eingegangen werden[2].

Die Kostenvorteile, die sich als Folge von Fusionen und Betriebsgemeinschaften ergeben, können je nach Lage des Falles recht erheblich sein. Die Vereinfachung der Verwaltung bedingt weniger Arbeitskräfte. Statt daß jede Gesellschaft ihre eigenen Agenturen unterhält, genügt jetzt eine einzige Agentur für alle an den betreffenden Plätzen. An Reklamekosten können Ersparnisse gemacht werden. Der Einkauf von Proviant und Betriebsstoffen im großen stellt sich billiger. Im Rahmen der größeren Organisation wird eine zweckmäßigere Verteilung des Schiffsmaterials möglich. Nicht jedoch erreicht wird durch diese Verständigungen auf nationaler Basis eine Monopolstellung am Markt. Wohl können die Vertreter einer Betriebsgemeinschaft bei den Verhandlungen über die Ratengestaltung auf den Schiffahrtskonferenzen eine stärkere Position einnehmen, als der Vertreter einer vereinzelten, kleineren Reederei; aber der erste Schritt auf dem Wege zur Monopolstellung am Seefrachtenmarkt wird doch erst dadurch getan, daß Reeder aller interessierten Nationen sich zusammen an den gleichen Verhandlungstisch setzen, um durch gemeinsame Abmachungen die Konkurrenz (— durch ein Kartellabkommen, durch Abschluß einer sogenannten Schiffahrtskonferenz —) zu regeln. Das ist bisher vornehmlich in Zeiten der Depression geschehen.

---

[1] Hansa vom 5. Januar 1929, S. 16.

[2] Die Betriebsgemeinschaften innerhalb der deutschen Großschiffahrt werden im Zusammenhang mit dem Problem Hapag und Lloyd behandelt werden.

In der Trampschiffahrt versuchte man zum Abschluß einer Schiffahrtskonferenz zu gelangen, als zu Anfang dieses Jahrhunderts infolge der französischen Subventionspolitik ein Überangebot an Seglertonnage herbeigeführt worden war, das sich ratensenkend am Markt bemerkbar machte. Die Ratenbewegung für Segler gestaltete sich um die Jahrhundertwende wie folgt[1]:

| | | | |
|---|---|---|---|
| Hamburg/Sydney/Melbourne: | | | |
| | 1900 | 23/9 sh | |
| | 1901 | 20/0 „ | schon sehr günstig. |
| Hamburg/San Franzisko: | | | |
| | 1900 | 18/6 sh | |
| | 1901 | 13/0 „ | |
| Von einem Salpeterhafen Chiles nach Hamburg: | | | |
| | 1900 | 29/0 sh | |
| | 1901 | 25/3 „ | |

Die Folge war eine Notlage der Segelschiffseigner, aus der — wie man glaubte — nur die Verwirklichung des Konferenzgedankens befreien konnte. Am 10. Dezember 1903 fand in Paris[2] eine Konferenz englischer, französischer und deutscher Segelschiffsreeder statt, aus deren Mitte 1904 die „Sailing Ship Owners International Union“ gegründet wurde, ihr Zweck war vor allem Festsetzung von Minimalraten für Heimreisen von Kaledonien, von den australischen, von den Nord-Pazifik- und von den Salpeterhäfen. Für kurze Zeit allerdings war der Union in der Tat ein Erfolg beschieden[2]. Dann aber war es mit der Innehaltung der Vereinbarungen aus. Folgende Gründe führten zum Zusammenbruch der Konferenz:

1. Die Vereinigung von 75%[3] aller Segelschiffsreeder in der Union hatte sich als nicht genügend erwiesen. Bei jedem Aufleben des Geschäfts erschienen schließlich die Outsider unterbietend auf dem Markte.

2. Die allgemeine Depression bewirkte, daß auch Dampfer mangels anderer Frachten in die bisher der Segelschiffahrt ausschließlich vorbehaltenen Gebiete eindrangen. Die Konkurrenz mit der Dampfschiffahrt wurde noch dadurch verschärft, daß der Hauptablader der Segelschiffsreeder die Lage benutzte, um Dampfer und Segler gegeneinander auszuspielen. Die Standard Oil Co. kontrollierte nämlich den Export von Petroleum in Kisten von Amerika nach Ostasien — eine wichtige Seglerfracht —. Unter den angedeuteten Verhältnissen konnte sie es sich erlauben, den Seglern eine Rate einzuräumen, die sie nicht gerade verhungern ließen[4]. In diese Situation gedrängt, mußten die Reeder nachgeben.

[1] Zit. nach Scholz: a. a. O. S. 32.
[2] Huldermann: a. a. O. **1909**, 55.
[3] Scholz: a. a. O. S. 32.
[4] Huldermann: a. a. O. **1909**, 55.

Die Minimalraten wurden unterboten und die Konferenz fand damit ihr Ende.

Dem Namen nach bedeutender geworden ist die im Februar 1905 in Kopenhagen gegründete „Baltic and White Sea Conference“, die heute unter ihrem neuen Namen als „Baltic and International Maritime Conference“ Mitglieder aus zwanzig seefahrenden Nationen in sich vereinigt. Die Konferenz setzte 1905 für die Kohlen- und Holzfahrt nach bzw. von der Ostsee und dem Weißen Meer — also für ein „in seinen Verkehrsformen und Lebensbedingungen einheitliches Verkehrsgebiet“ (Huldermann)[1] — Minimalraten fest, ohne sie jedoch obligatorisch zu machen[2]. Die Reeder dürfen die Minimalraten unterbieten, wenn sie zu dieser Rate durchaus keine Fracht bekommen können[3]. Das Ergebnis dieser weitmaschigen Bestimmung war, daß zum mindesten kein sicherer Schutz des Frachtenmarktes gewährt war.

Wenn die Konferenz sich heute noch einer so großen Beliebtheit erfreut, und wenn ihre jährlichen Zusammenkünfte meistens vollzählig besucht werden, so liegt das daran, daß die leitenden Köpfe der Konferenz sich frühzeitig von dem Gebiete der Ratenfestsetzung zurückgezogen haben. As experience was gained it becomes evident, that an apparently good rate of freight is rendered more or less illusory with an unsatisfactory charter[4]. In dieser Erkenntnis hat die Konferenz sich für die Einführung einheitlicher, sog. „standard charters“ eingesetzt. Das glückliche Ergebnis dieser Arbeiten, die im Zusammenwirken mit der Chamber of Shipping in London[5] durchgeführt wurden, drückte M. Hansen im letzten Jahre mit diesen Worten aus: The too parties, the Ducomentary Council of the Conference and the Documentary Committee of the Chamber of Shipping embrace with their issued documents the traffic of the world[6]. Außer den Charterbedingungen fallen in das Bereich eingehender Beratung durch die Konferenz: Stellungnahme zur Hafentarifpolitik, zu den Lotsen-, Makler- und Stauertarifen, zur Einführung des Achtstundentages auf hoher See und zur Beseitigung von Handelsschranken[7]. Sowohl 1907, wie während der gegenwärtigen großen Krise, ist die Konferenz wiederholt aufgefordert worden: to consider a laying-up cheme. Jedoch

---

[1] Huldermann: a. a. O. **1909**, 56. [2] Lenz: a. a. O. S. 113.

[3] Royal Commission: Zeuge Nobel, § 1/6, zit. bei Lenz: a. a. O. S. 113.

[4] The Documentary Council of the Baltic and International Maritime Conference by M. W. C. K. Hansen. Kopenhagen, Charrman of the Documentary Council. Hansa Mai 1928, S. 759.

[5] Hierzu Schiffahrtsjahrbuch von 1926.

[6] Hansen siehe o. S. 759. [7] Glässel, E.: Hansa vom 12. Mai 1928.

sind diese Aufforderungen stets das letzte Wort geblieben, das in dieser Angelegenheit gesprochen wurde.

In der Nachkriegszeit hat die schwere Lage der Trampreedereien auch in diesen Kreisen Kartellierungsversuche wieder aufleben lassen. 1921 haben norwegische Reeder eine „Wood Cargo Group" gebildet, die unter grundsätzlichem Verzicht auf Ratenvereinbarungen lediglich als Konditionenkartell gewirkt hat[1]. — Anfang 1927 haben die schwedischen und finnländischen Reeder gemeinsam Minimaltarife festgesetzt, um nicht zu verlustbringenden Raten fahren zu müssen[2]. Vertreter der Tankschiffreedereien von Deutschland, Dänemark, Frankreich, Holland und Norwegen beschlossen am 9. Oktober 1929 auf einer Tagung im Haag den Zusammenschluß der Tankschiffreeder zu einer internationalen Vereinigung. Nachdem die Baltic and International Maritime Conference auf ihrer Oktobertagung in Hamburg die Gründung einer besonderen Sektion für Tankschiffreeder beschlossen hat, erwartet man den korporativen Beitritt der neuen Vereinigung zur B. I. M. C. (I. u. H. vom 18. Oktober 1929).

Wer regelmäßig die Frachtenmarktberichte verfolgt, der weiß, daß die Reeder auch ohne formale Konferenzvereinbarungen lediglich dadurch, daß sie mit „Festigkeit" auf ihren Frachtsätzen beharren, daß sie — mit anderen Worten — auf Preis zu halten trachten, ein weiteres Sinken der Raten vermeiden können. Diese Disziplin, die in 1925 gänzlich in Vergessenheit gekommen zu sein schien, wurde gerade im letzten Jahre (1928) häufig mit günstigem Erfolge wieder angewendet.

Allgemein hat sich die Trampschiffahrt für nicht kartellfähig erwiesen. Die große Zahl der Reeder mit ihren verschiedenen Interessen, die weitgehende Vertretbarkeit ihres Schiffsmaterials, mit dem sie leicht immer den Gebieten mit den vorteilhaftesten Raten nachgehen können, verhindern eine Kartellierung. Die Konferenzen der Trampschiffahrt können daher nur dort Erfolge aufweisen, wo sie ihre Tätigkeit auf die Herbeiführung gemeinsamer Charterbedingungen beschränkt haben. Die alljährlichen Tagungen der Konferenzen sind eben nur ein „Clearing-House of Ideas"[3] [4].

## 5. Die Tonnagenachfrage im Zeichen sinkender Raten.

Wie wirken sich nun die niederen Raten auf die Nachfrage nach Tonnage aus? Ganz allgemein wird man sagen können: Eine Sen-

[1] Helander: a. a. O. 1928, 149.

[2] Hufudstadsbladet, 1. Februar 1927, zit. bei Helander: a. a. O. 1928, 150.

[3] Glässel, E.: Hansa vom 12. Mai 1928.

[4] Die großen internationalen Verbände der Linienreedereien als Folge niederer Raten werden im nächsten Teil besonders behandelt.

kung der Frachtraten, die dazu beiträgt, Ertragsquellen für den Handel zu erschließen, muß eine Vermehrung der Umsatztätigkeit zwischen den einzelnen Wirtschaften nach sich ziehen. Nicht jeder im Vergleich mit den Kosten des Reeders niedrige Ratenstand braucht unbedingt eine Ausweitung des Verkehrsvolumens herbeizuführen; es kommt häufig vor, daß die Reeder ihre Transportleistungen zu Raten anbieten, die weit unter den Selbstkosten liegen, die geradezu Geschenke an die Ablader bedeuten, und daß dennoch die Ablader sich gänzlich uninteressiert verhalten. Es sind eben diese, vom Standpunkt der Kosten aus ohne Zweifel sehr niederen Raten noch zu hoch, um bei den auf den überseeischen Märkten herrschenden Güterpreisen noch mit Nutzen aufgewendet werden zu können. Die Entschlüsse der Reeder werden eben nicht nur allein durch den Transportpreis, sondern noch von einer Reihe anderer Preise beeinflußt. Nur soweit dieses Gesamtbild durch eine Senkung der Raten günstig beeinflußt wird, tritt eine Steigerung des Tonnagebedarfes ein. So beobachtet man z. B. immer wieder, daß, wenn die Raten für Kohlenfracht von England niedrig sind, der Absatz englischer Kohle in sämtlichen Nordseehäfen zunimmt, während der Absatz der deutschen Kohle, der nicht durch niedere Transportkosten begünstigt ist, merklich erschwert wird[1]. Die sinkende Tendenz der Frachten, die in den siebziger Jahren einsetzte, begünstigte die Konkurrenzfähigkeit des amerikanischen Farmers. Die niederen Transportkosten (der Bahnen wie der Schiffahrt) bewirkten eine Vergrößerung sowohl der Anbaufläche wie des Exports von Getreide. Von 1871—1880 stieg die mit Weizen bebaute Fläche in der Union von 20 auf 36 Millionen Acres[2] Die Exportquote für Weizen stieg im Durchschnitt der Jahre wie folgt[3]:

| | |
|---|---|
| 1871—1880 . . . | 26,2% |
| 1881—1890 . . . | 28,1% |
| 1891—1900 . . . | 34,5% |

[1] Fairplay vom 5. Januar 1928, Dutch Shipping in 1927. Ferner I. u. H. vom 29. Juli 1928: Bericht der Mitgliederversammlung des Rheinisch Westfälischen Kohlensyndikats.

[2] Meier: a. a. O. S. 97ff.

[3] Das bezeichnende Beispiel für die Ratenbewegung siehe S. 12.

# II. Spezieller Teil.

## A. Die Linienreederei-Verbände und ihr Einfluß auf die Ratengestaltung.

### 1. Von der Linienreederei zu den Linienreederei-Verbänden.

Welche Konsequenzen die Linienschiffahrt aus den Ratenkämpfen gezogen hat, soll jetzt besprochen werden. Einleitend hierzu mag ein kurzes Wort über die Entstehung und über einige für die weiteren Betrachtungen wichtige Eigenschaften der Linienreederei am Platze sein.

Nicht die Reihen- oder Börtfahrt der merkantilistischen Epoche schlechthin wird als Vorläuferin der modernen Linienschiffahrt angesprochen. Erst dort, wo die Reihenfahrt nach einem bestimmten Fahrplan erfolgt und diesem Plan entsprechend regelmäßige Abfahrten ohne Rücksicht darauf, ob das Schiff voll beladen ist oder nicht, innezuhalten hat, nimmt sie den Charakter der Linienfahrt an[1].

Was diese hochqualifizierte Art der Schiffahrtsunternehmung mit dem Ausgang des letzten Jahrhunderts und von da an in immer zunehmendem Maße zu der führenden Stellung im Seeverkehr hinführte, war die Entfaltung des Stückgutverkehrs. In dem Grade, in dem die überseeischen Märkte wirtschaftlich aufblühten, nahm ihr Bedarf nach regelmäßiger Versorgung mit Einzelgut zu. Unter diesem Einzelgut hat man sich Fertigfabrikate oder Halbfabrikate vorzustellen. — Güter also, auf die bereits Arbeit und Kapital aufgewendet worden sind und die daher nach schneller, produktiver Weiterverwendung drängen, um Zinsverluste und die Gefahr einer Preisverschiebung zu vermeiden. Diesem Bedarf nach schneller Beförderung und sachlicher Behandlung der Güter kommt die Linienreederei entgegen, die mit ihren häufigen, regelmäßigen, auf pünktliche Ankünfte und Abfahrten abgestellten Diensten zugleich ein Höchstmaß an Sicherheit gewährleistet. Eine wesentliche Voraussetzung für das erfolgreiche Fortbestehen einer Linienreederei liegt für sie darin, die Qualität ihrer Verkehrs-

[1] Sombart: Der moderne Kapitalismus. S. 298. 1917. Ferner Giese: a. a. O. S. 21.

leistungen immer wieder und möglichst schnell in Übereinstimmung mit den neuesten Vervollkommnungen zu bringen; denn nur die Schiffahrtsunternehmung, die es in dieser Beziehung an Anstrengungen nicht fehlen läßt, vermag sich einen dauernden Kundenkreis zu sichern. Es unterläßt daher wohl nie eine große Reederei auf Verbesserungen, die ihre Dienste erfahren haben, aufmerksam zu machen. So hob der Norddeutsche Lloyd vor kurzem hervor, daß jetzt seine im Australdienst beschäftigten Schiffe auf Grund beschleunigter Abfertigung in Antwerpen vier Tage eher als zuvor den ersten australischen Anlaufhafen Adelaide erreichen. Die Pünktlichkeit der Frachtdampfer des Norddeutschen Lloyd, so heißt es in derselben Auskunft weiter, ist bemerkenswert. Die Schiffe treffen oft schon vor der fahrplanmäßigen Zeit in Australien ein[1]. Im Nordpazifikdienst ließ der Lloyd zu Anfang 1928 Fahrplanverbesserungen eintreten, die gleichfalls auf eine Beschleunigung des Verkehrs hinausliefen[2].

Der deutsche Afrikadienst gibt ebenfalls eine Reihe von Verbesserungen bekannt. So ist u. a. eine ganz neue Linie (Gabun-Linie) nach dem französischen Kongo eingerichtet worden. Auf diese Weise werden die übrigen Linien entlastet, so daß sie ihre Rundreise schneller erledigen können[3]. Die Hapag[3], die Hansa[3] und die Hamburg-Süd sind in gleicher Weise bemüht, durch Vervollkommnung ihrer Dienstleistungen den Anforderungen ihrer Kunden gerecht zu werden. Eins zeichnet jedoch gegenwärtig einheitlich alle diese Bestrebungen aus: alle zielen auf eine Steigerung der Schnelligkeit des Verkehrs ab.

Um nun aber einen so exakt funktionierenden Linienverkehr durchführen zu können, ist ein ganz anderer Kapitalapparat notwendig, als ihn die Trampschiffahrt kennt. Es genügt nicht, daß ein schwimmender Laderaum, den eine Maschine beweglich macht, geschaffen wird. Ein Schiff einer Linienreederei stellt ein viel hochwertigeres Anlagekapital dar. Die Laderäume müssen weitgehend der aufzunehmenden Ladung angepaßt werden. Kühlräume, Tanks, Spezialladeräume zur Unterbringung z. B. von Automobilen, müssen eingebaut sein. Fast jeder Linienverkehr stellt besondere Anforderungen an die Tonnage. Die Vertretbarkeit der Schiffsräumte der Liniendampfer ist unter solchen Umständen beträchtlich eingeschränkt. Neben der großen Kapitalinvestition für die Schiffe einer Linienreederei verlangt die Organisation des Betriebes entsprechende eigene Anlagen an Land, und zwar nicht nur am Ort des Stammhauses der Gesellschaft,

[1] I. u. H. vom 6. Juni 1928. [2] I. u. H. vom 7. Januar 1928.
[3] I. H. vom 25. Januar 1928, vom 8. August 1928 und vom 8. Juni 1929.

sondern auch an den wichtigsten Verkehrsplätzen des Auslandes. Es ist zu denken an große Verwaltungsgebäude, eigene Lade- und Löschanlagen mit den notwendigen Schuppen, elektrischen Kränen, Anschlußgleisen. Hinzu kommen eigene Docks und Reparaturwerkstätten. Die Hapag verfügt außerdem über zwei eigene, schwimmende Kohlenheber und zwei Schwimmkräne von 15000 und 30000 kg Hebekraft[1]. Ferner erfordert die fahrplanmäßige Abfertigung der Schiffe die Unterhaltung eigener Zubringerlinien und eigener Schlepperflotillen.

Um den Verkehr mit den Kunden in geeigneter Weise pflegen zu können, ist ein Netz von Agenturen erforderlich. Annähernd 5000 Fracht- und Passageagenten wahrten vor dem Kriege die Interessen der Hapag an allen wichtigen Plätzen ihrer Verkehrsgebiete.

Das feste Areal und Eigentum derselben Gesellschaft umfaßte vor 1914 neben der Hauptniederlassung in Hamburg, Zweigniederlassungen mit Landungsplätzen, Dock- und Pieranlagen, Lagerhäusern usw. in Kuxhaven, Emden, Stettin, Antwerpen, London, Havre, Montreal, New York, Philadelphia, New Orleans, St. Thomas, Kingstown, Basra, Hongkong, Shanghai, Wuhu, Hankau, Tientsin, Tsingtau usw.[2]. Heute weißt die Hapag nur folgende Betriebsanlagen bzw. Grundbesitz aus: in Hamburg, Lemberg, Colon, Shanghai, Tongku, Hankau[3]. Der Lloyd verfügt heute über Gebäude und Grundbesitz in Bremen und Bremerhaven. Im Ausland werden genannt: „im Osten Grenzkontrollstationen und in Hankau ein Grundstück“.

Auch die Betriebskosten gestalten sich anders bei der Linienschiffahrt. Die größere Geschwindigkeit erfordert mehr Betriebsstoffe, die Navigation der großen, wertvollen Schiffe verlangt ein gründlich vorgebildetes Personal, für das den gesteigerten Anforderungen gemäß auch höhere Heuern und Gehälter gezahlt werden müssen und für dessen Heranbildung die deutschen Großreedereien die Mithilfe der Segelschiffsreedereien nicht entbehren wollen[4].

Allerdings stehen diesen umfangreichen Aufwendungen auch Möglichkeiten zu Einsparungen gegenüber, von denen ein kleinerer Betrieb gar nicht oder doch nicht in demselben Umfang Gebrauch machen kann. Gestützt auf ihre Kapitalmacht pflegen Linienreedereien häufig von einem Typ gleich zwei Schiffe in Auftrag

[1] Deutschlands Großschiffahrt in 1928, a. a. O. S. 12.
[2] Deutschlands Großschiffahrt in 1928, a. a. O. S. 10.
[3] Deutschlands Großschiffahrt in 1928, a. a. O. S. 12.
[4] Auf Grund brieflicher Auskunft vom 7. Februar 1929 der „Seefahrt“, Segelschiffsreederei G. m. b. H., Bremen.

zu geben, wodurch sich die Kosten pro Schiff niedriger stellen. Um mit gleichmäßigen Kohlenpreisen rechnen zu können, schließen die Linienunternehmen langfristige Lieferungsverträge ab oder streben Beteiligungen an Kohlenwerken an[1]. Hapag, Lloyd, Hansa und die Hamburg-Süd sind an der Firma „Deutsches Kohlendepot G. m. b. H., Hamburg" maßgebend beteiligt[2]. — Mit der zunehmenden Sicherheit des Seeverkehrs, aber auch oft unter dem Druck widriger Marktverhältnisse dazu genötigt, jede Gewinnchance auszunutzen, gingen die Großreedereien zur Selbstversicherung über, um an Versicherungsprämien zu sparen, so weisen der Norddeutsche Lloyd, die Hansa und die Hamburg-Süd und auch viele ausländische Reedereien[3] Versicherungsfonds in ihren Bilanzen aus. Man kann geradezu davon sprechen, daß mit der gesteigerten Konzentration der Reedereien das Feld der Versicherungsgesellschaften eingeschränkt wird[4].

Bevorzugt behandelt werden die Linienreedereien gewöhnlich hinsichtlich der Hafengebühren. Ihnen werden, im Vergleich mit der freien Schiffahrt, durchweg niedrigere Sätze, die sich nach der Zahl der Reisen abstufen, berechnet. Außerdem wird auf diese ermäßigten Sätze oft noch ein besonderer Rabatt gewährt für solche Schiffe der regelmäßigen Fahrt, die im Passagierverkehr stehen und die daher die Hafenanlagen jeweils nur für kurze Zeit in Anspruch nehmen.

Alles in allem stellt eine Linienreederei ein sehr kapitalintensives Unternehmen vor, das den ständigen Schwankungen der Marktgegebenheiten schier ohne jegliche Elastizität in seinem Angebot gegenübersteht.

Diese Härte in der Marktposition läßt sich durch eine geeignete Organisation des Verkehrs mildern. Die Linienschiffahrt ermöglicht ein besseres Aneinanderpassen der Schiffsdienste. Dadurch wird einerseits ein zeitliches Zuviel oder Zuwenig an Linienschiffsraum verhindert, andererseits läßt sich so die optimale Ausnutzung der Leistungskapazität der Schiffe am ehesten erreichen. Diese planmäßige Disposition über die Tonnage ist durchaus zweckdienlich, solange eine einzige Linie den betreffenden Verkehr bedient. Hat sich aber der Verkehr vergrößert und ist eine neue Linie auf dem Felde erschienen, die gleichfalls nach einem bestimmten Plan ihre Dienste aneinander passen will, so zeigt sich, daß, wenn zwei dasselbe tun, es doch nicht immer dasselbe ist. Denn jetzt fallen doch — und man pflegt das zu An-

[1] Sax: a. a. O. 2, 212.
[2] Deutschlands Großschiffahrt in 1928.
[3] Helander: a. a. O. S. 312ff. [4] Helander: a. a. O. S. 313.

fang nicht zu vermeiden — Abfahrten von Schiffen beider Linien auf ein und denselben Tag. Jede Reederei wünscht möglichst ihr ganzes Raumangebot ausgenutzt zu sehen und darum hebt jetzt ein heftiger Kampf um die Ablader an durch gegenseitiges Unterbieten der Raten. Die Ratenkriege, die mit dem zunehmenden Hamburg-Amerika-Verkehr die Hapag in den siebziger Jahren gegen die Adler-Linie und zehn Jahre später gegen die Carr-Dampfer zu führen gehabt hat, sind Beispiele geworden, an die in diesem Zusammenhang immer wieder erinnert wird. Der Kampf, den Ballin als Generalvertreter von Edward Carr gegen die Hapag führte, währte von 1882—86[1]. Während dieser langen Zeit zeigte sich — ähnlich wie im Kampf gegen die Adlerlinie —, daß es auf Grundlage der freien Konkurrenz unmöglich war, zu einem wirtschaftlich erträglicheren Zustande zu gelangen; denn die Voraussetzung der freien Konkurrenz war nicht vorhanden. Die zur Deckung der Verkehrsbedürfnisse aufgewendeten Mittel ermangelten der leichten Beweglichkeit, der vielseitigen Vertretbarkeit. Man kann wohl ungehindert Kapital in der Seeschiffahrt investieren, man kann es aber — wenn die Lage sich ändert — nicht aus einem Reedereiunternehmen ohne Verlust wieder zurückziehen, um es einem anderen, mehr Ertrag versprechenden Erwerbszweig zuzuwenden[2]. Es liegt aber auch nicht einmal im volkswirtschaftlichen Interesse, daß dem niederen Ratenstand, bei dem keine der beteiligten Reedereien mehr Rentabilität findet, durch Entzug von Tonnage entsprochen wird. Ja, wollte man lediglich die zurückgegangene Rentabilität ins Auge fassen, so müßte man — wie J. Russel Smith[3] es andeutet — wirtschaftlicherweise folgern, daß jeder Dienst auf dieser Linie eingestellt werden muß, da sich eben auf dieser Linie keine Erträge erzielen lassen. Hierzu steht aber im schroffen Gegensatz, daß ein lebhafter und sogar zunehmender Bedarf nach Tonnage gerade für das betreffende Verkehrsgebiet häufig besteht und daß, da dieser Bedarf bei den höheren Sätzen, die vor dem Ratenkampf herrschten, bestand und sich auszudehnen strebte, es an dem Willen und der Fähigkeit die Kosten der Bedarfsdeckung zu tragen, nicht einmal fehlt.

Die Erfahrung dieser heftigen und kostspieligen Konkurrenzkämpfe hat gelehrt, daß ein Linienreedereiunternehmen, das zur Deckung von Marktbedürfnissen sich notwendig in einem beträchtlichen Umfang fixer Kapitalgüter bedienen muß, sich, gebunden

---

[1] Huldermann: Albert Ballin. S. 14ff.

[2] Kojima: a. a. O. 1, 91 u. 92 (1926). Dasselbe Problem von einem größeren Gesichtspunkte behandelt bei Halm, G.: a. a. O. S. 128ff.

[3] Smith, J. R.: a. a. O. S. 8ff.

an diesen Kapitalapparat, nicht in dem Tempo den Marktdaten anzupassen vermag, wie es die freie Konkurrenz vorschreibt. Solche kapitalintensiven Unternehmen bedürfen, um wirtschaftlich arbeiten zu können, eines Schutzes vor Preisschwankungen. Dieser Schutz wird durch Organisierung des Angebotes angestrebt. Tatsächlich ist das Ende der Ratenkriege — gleich ob sie gewonnen oder verloren wurden — immer dasselbe gewesen, nämlich: Verständigung über die Konkurrenz.

Diese Verständigung blieb dort unnötig, wo es möglich war, den neuen Konkurrenten (den „newcomer") aus dem Liniendienst wieder hinauszudrängen. So gelang es z. B. der Hamburg-Süd, als 1927 die englische Byron-Line einen Außenseiterdienst von Hamburg—Antwerpen nach Brasilien und Argentinien einzuführen versuchte, dieses Unternehmen nach kurzem Ratenkampf zur Einstellung zu zwingen[1]. — Das bekannteste Beispiel hierzu erlebten wir im vergangenen Jahr im Afrikaverkehr, wo die British and Continental South African Line nach $1^1/_2$jährigem, hartnäckigem Kampf gegen die Konferenzlinien ihre Schiffe aus dem Verkehrsgebiet wieder zurückziehen mußte.

Für die Verständigung mit der Konkurrenz gibt es verschiedene Möglichkeiten: 1. Die Reeder nehmen durch Kapitalbeteiligung an den Wettbewerbsunternehmungen Einfluß auf die Maßnahmen der Konkurrenz. 2. Die bisher konkurrierenden Reedereien fusionieren. 3. Es werden für bestimmte Verkehre Betriebsgemeinschaften eingegangen. 4. Interessengemeinschaften, d. h. es werden für alle Verkehre, die die paktierenden Gesellschaften bedienen, Betriebsgemeinschaften eingegangen. 5. Die Reeder begründen eine Schiffahrtskonferenz. 6. Die Pool-Bildung.

Diese beiden letzten Möglichkeiten weisen den Weg, auf dem sich das Ziel nach monopolistischer Marktbeherrschung hat am ehesten — wenn auch keineswegs vollkommen — verwirklichen lassen.

Die Schiffahrtskonferenzen stellen Kartelle niederer Ordnung dar; die von ihnen getroffenen Abreden (agreements) werden oft auf Grund mündlicher Vereinbarungen innegehalten. In der Regel müssen Vertragsdokumente von beachtenswertem Umfang aufgestellt werden. In diesen Abreden weisen die einzelnen Reedereien sich bestimmte Verkehrsgebiete zu und einigen sich über die fahrplanmäßige Bedienung der betreffenden Plätze. Diese Abmachungen allein würden allerdings eine Abwanderung der Güter von einem Hafen zu einem anderen, veranlaßt durch Fracht-

---

[1] Die See 1928, Nr 9.

unterbietung, nicht ausschließen. Man sucht daher notwendigerweise sich auch über die Frachtsätze zu verständigen. Es wird hierbei in der Regel vereinbart, daß für gleiche Waren, die über verschiedene Häfen geleitet werden, die Seetransportrate bei allen Linien dieselbe sein soll[1]. Minimalpreise spielen hierbei nur eine Rolle als Minimalraten, die bei Auflieferung kleiner Quanten des betreffenden Gutes berechnet werden.

Weitere wichtige Bestimmungen dieser Konferenzen können betreffen die Höhe der Agenturprovisionen oder die Größe des Kontingents, das jeder der beteiligten Linien von einem bestimmten Ladungsangebot zufallen soll. Niemals hat sich jedoch eine Verständigung über die anzubietende Schiffsraummenge unter den Beteiligten erzielen lassen. Schließlich sind noch die oft umstrittenen Abmachungen über Anwendung des Systems der zurückgestellten Frachtrabatte hervorzuheben[2], wodurch die Konferenzreedereien möglichst alle Ladungsbeteiligten an die ausschließliche Benutzung ihrer Dampfer zu binden versuchen. Verlader, die in dieser Weise die Reedereien unterstützt haben, erhalten nach Ablauf der Rabattperiode — meistens ein Jahr — einen Rabatt zuzüglich einer entsprechenden Zinsvergütung[3]. In der Nord-Amerika-Fahrt und in der Fahrt nach Südafrika, wo das System der zurückgestellten Rabatte nicht angewendet werden darf, kommen die Konferenzlinien Abladern, die sich verpflichten, mindestens ein Jahr nur Konferenzdampfer zu benutzen, entgegen, indem von vornherein neben den üblichen Raten günstigere Kontraktraten geboten werden. Mehr als 90% des Nord-Amerikaverkehrs wickelte sich vor 1914 auf Grund dieser Kontraktraten ab.

Als den wichtigsten Erfolg ihrer Verständigung haben die Reeder zu buchen, daß Konkurrenz durch Ratenunterbietung für die Dauer des Vertrages grundsätzlich ausgeschlossen ist. Hierdurch wird nun aber der Konkurrenz nach innen oder, wie Kojima es nennt, der „friendly Competition" ein vergrößertes Betätigungsfeld eingeräumt. Unter der Schutzdecke der gesicherten Marktposition kann überhaupt erst an die Weiterentwicklung der technischen Größen des Reedereiunternehmens gedacht werden. Unter

---

[1] Murken: a. a. O. S. 134.

[2] In das System der zurückgestellten Rabatte werden auch die Spediteure eingeschaltet. Das Reichsgericht hat dieses Vorgehen als nicht sittenwidrig gebilligt. Siehe Abdruck des Reichsgerichtsurteils in Hafen- u. Verkehrsztg vom 4. Dezember 1927. Die gleiche Frage wird ferner behandelt in Hafen- u. Verkehrsztg vom 8. April 1927, vom 15. April 1927 und vom 9. Dezember 1927.

[3] Der Norddeutsche Lloyd vergütet seinen Abladern nach Australien 10% Rabatt + 5% Zinsen. Siehe Handbuch für Australien a. a. O. S. 12.

dem Schutze stabiler Raten sind die Reeder darauf angewiesen, ihre Erträge durch zweckmäßigere Kostengestaltung zu vergrößern. Hierzu helfen der technische Fortschritt und Verbesserungen in der Organisation. Außerdem wird aber auch auf Ertragssteigerung durch Steigerung der Verkehrsleistungen der betreffenden Reederei abgezielt. Die Mittel hierzu sind eine gediegene, höchst individuelle Art der Kundenbehandlung und die Reklame, mit der auf die Sicherheit, Häufigkeit und Schnelligkeit der einzelnen Verkehre immer wieder hingewiesen wird. (Die Konkurrenz um die Nachfrage.) Diese Reklame — und das macht sie schließlich zu einem gefährlichen Konkurrenzmoment — betreibt jede Reederei im Rahmen ihrer eigensten Interessensphäre. Von den engeren Beziehungen zu anderen Reedereien wird kein Wort erwähnt. Ja, selbst wo diese befreundeten Reedereien aufgezählt werden müssen, wird nicht von Konferenzlinien gesprochen, sondern man sagt nur, daß Verschiffungen auch mit folgenden Linien vorgenommen werden können.

Da die Preisvereinbarungen keine genügende Ausschaltung der Konkurrenz unter den Linien gewährleisteten, suchte man nach einer noch strengeren Bindung der Konferenzmitglieder. Der Syndikatsgedanke begann auch auf diesem Gebiete der Wirtschaft Fuß zu fassen, und die Gründung eines Pools erschien als Ideal. Der Pool ist ein Kartell höherer Ordnung. Er stellt sich als eine Gewinnabrechnungsgemeinschaft dar, bei der der Gewinn nach einem vorher festgesetzten Verhältnis verteilt wird[1]. Der Zweck des Pools ist „eine gegenseitige Verständigung über die Frachtraten herbeizuführen, die Frachten tunlichst auf entsprechender Höhe zu halten und den einzelnen Gesellschaften ihren Anteil an den gesamten Einnahmen aus dem Frachtverkehr zu erhalten"[2]. Dieser Zweck wäre erreicht, wenn es gelänge, den einzelnen Linienreedereien ihr Interesse an einer Vergrößerung der Anteilsquoten gründlich zu verargen. Auf den ersten Blick hin scheint es in der Tat so, als ob nach Abschluß des Poolvertrages kein Interesse an einer Ausdehnung des Poolanteiles bestände, denn alle Anstrengungen eines Poolmitgliedes, die zur Überschreitung des ihm garantierten Poolanteils auf Kosten der anderen Poolmitglieder führen könnten, erscheinen als à fonds perdu

[1] Huldermann: Albert Ballin. S. 42. Giese: a. a. O. S. 91. Ebenso Murken: a. a. O.

[2] Aus der Einleitung des am 10. März 1894 abgeschlossenen Frachtenpool-Vertrages zwischen der Hamburg-Amerika-Linie, der Holland-Amerika-Linie, dem Norddeutschen Lloyd und der Red-Star-Line. Zit. bei Murken: a. a. O. S. 127.

gemacht. Der Mehrgewinn muß an die Abrechnungsstelle abgeführt werden, die ihn den hinter ihren Anteilen zurückgebliebenen Mitgliedern auszahlt. Allerdings wird gerade im Frachtverkehr[1] oft die Bestimmung getroffen, daß für die zahlende Tonne vorweg ein Abzug als Vergütung der für den Reeder mit der Ladung verknüpften Selbstkosten erlaubt sein soll. So heftig der Kampf um die Quoten bei einer Poolgründung ist, so heftig tobt in einem solchen Fall der Kampf um die Höhe dieses Abzuges, der sogenannten Kompensationsrate. Wie bereits erwähnt, ist die tatsächliche Größe der Selbstkosten das tiefe Geheimnis der Reedereien. Bei Festsetzung dieses Kostenfaktors auf Grund einer Schätzung ergeben sich für die einzelnen Reedereien mehr oder weniger große Gewinnmöglichkeiten, die ein Interesse an einem Überfahren der Anteilsquote wieder rege werden lassen.

In diesem Zusammenhang darf man aber nicht die Tätigkeit des Poolsekretärs außer acht lassen. Seine besondere Aufgabe ist es, bereits während des Ablaufs des betreffenden Jahres dafür Sorge zu tragen, daß jede Linie ihren Verkehrsanteil selbst einfährt. Oft gehen die Befugnisse des Poolsekretärs noch weiter. Der Poolsekretär eines im Juli 1928 wieder gekündigten Pools in der Süd-Amerikafahrt, der in Antwerpen seinen Sitz hatte, war bei dem Angebot größerer Ladungen berechtigt, über diese Partien im Namen des Pools Abschlüsse zu tätigen, auf Grund von Raten, die er, ohne die übrigen Poolmitglieder befragen zu müssen, gemäß der Marktlage nach eigenem Ermessen vereinbaren konnte[2].

Die engere Arbeitsgemeinschaft, wie sie durch den Pool hergestellt wird, bringt auch Kostenvorteile mit sich. Die Reklame wird nunmehr für alle beteiligten Reedereien unter dem Namen des Pools betrieben. Bei Inseraten und den meist einheitlich gehaltenen Dokumenten[3] erscheint zuerst der Name des Pools, dann erst folgt die Firmenbenennung der einzelnen Mitglieder.

Der Pool braucht jedoch nicht ausschließlich ein Mittel der internationalen Verbandsbildung zu sein. Er findet auch gelegentlich unter Reedereien von der gleichen Nationalität Anwendung. So haben 1928 die führenden italienischen Gesellschaften: Der Lloyd Sabaudo, die Cosulich-Linie und die Navigazione Generale Italiana für die Nord-Amerikafahrt einen Poolvertrag abgeschlossen (gültig vom 1. Juli 1928 bis 30. Juni 1931), der als ein

---

[1] Groß, J.: a. a. O.

[2] Giese: a. a. O., Anlage XX.

[3] Persönliche Auskunft.

weiterer Schritt zur Verschmelzung der großen italienischen Reedereien zu werten ist[1].

Man darf nicht glauben, daß die angedeuteten Möglichkeiten der Konkurrenzausschaltung nun etwa nach Verkehren getrennt ihre Rolle spielten. Ein verschlungenes Ineinander all dieser Gesellschaftsformen besteht in Wirklichkeit. In dieser Hinsicht war vor dem Kriege besonders bemerkenswert der La Plata-Verkehr[2]. Hier haben vor dem Kriege vier Kartelle verschiedener Art bestanden, die sich gleichsam ineinanderschoben: Den äußersten Kreis bildete ein Preis- und Gebietskartell zwischen den festländischen und den englischen Gesellschaften. Innerhalb dieses Rahmens bestand zwischen den deutschen und englischen Gesellschaften eine Abrechnungsgemeinschaft (Pool). Innerhalb dieses weiteren Pools befand sich noch ein engerer Pool zwischen den beteiligten vier deutschen Gesellschaften, der Hamburg-Amerika-Linie, der Hamburg-Süd-Amerikanischen Dampfschiffahrtsgesellschaft, dem Norddeutschen Lloyd und der Hansa in Bremen. Und innerhalb dieses engeren Pools bestanden wieder zwei getrennte Betriebsgemeinschaften, die eine zwischen den beiden Hamburger, die andere zwischen den beiden Bremer Gesellschaften.

## 2. Hapag und Lloyd.

Nachdem von der Gemeinschaftsarbeit, zu der sich namhafte Reedereien anderer Nationen zusammengefunden haben, die Rede war, mag im Rahmen der deutschen Seeschiffahrt die Entwicklung, die schließlich zu der Interessengemeinschaft von Hapag und Lloyd führte, besonders gewürdigt werden.

In den ersten Wiederaufbaujahren wurde eine enge Zusammenarbeit zwischen Hapag und Lloyd gepflegt, um eine bestmögliche Ausnutzung der noch kleinen Flotte zu erreichen. Es wurde die Betriebsgemeinschaft im Afrikadienst begründet[3]. Im Frachtgeschäft nach der amerikanischen Westküste traten Hapag und Lloyd gemeinsam der Betriebsgemeinschaft „Deutscher Westküstenbund" bei[4]. Gleichfalls kam für den Dienst nach der Levante eine Betriebsgemeinschaft zwischen beiden Gesellschaften zustande[2]. Im Verkehr nach Ostasien bestand ein Gemeinschaftsdienst zwischen Hapag, Lloyd, der Ellerman-Line und Alfred Holt & Co. Auch in der Angelegenheit der Freigabegelder nahmen

[1] Fairplay vom 4. Oktober 1928; Hansa, Oktober 1928; Hansa vom 5. Januar 1929.
[2] Wir folgen Giese: a. a. O. S. 88.
[3] Deutschlands Großschiffahrt in 1928. S. 28.
[4] Groß, J.: a. a. O.

beide Reedereien ihre Interessen gemeinsam wahr. Diese Zusammenarbeit geschah ganz in dem Geiste, der schon zu Ballins Zeiten die beiden Unternehmen gelegentlich zusammengeführt hatte und für den das Wort treffend ist: Vereint schlagen, getrennt marschieren. Schon um dem Vorwurf zu entgehen, durch zwecklose Konkurrenzkämpfe Nationalvermögen zu vergeuden, pflegten die beiden Großreedereien vor dem Kriege dort zusammenzuhalten, wo es die Not gebot. Wo man jedoch aus eigener Kraft vorwärts zu kommen glaubte, wurde der engeren Zusammenarbeit Lebewohl gesagt. Und so ging es auch jetzt. 1927 wurde der Gemeinschaftsdienst nach Ostasien aufgelöst und in einen wöchentlichen Dienst der Hapag verwandelt[1]. Ferner wurde die Betriebsgemeinschaft im amerikanischen Westküstengeschäft wieder aufgehoben[2]. In der Nordatlantikfahrt wurde die kühne Machtentfaltung des Norddeutschen Lloyd zu einem ernsten Hemmnis für die glückliche Durchführung der Vereinigungsbestrebungen überhaupt. Dessen ungeachtet trug man jedoch auf einem Sondergebiet wiederum den Umständen im gegebenen Augenblick Rechnung und ging in der Hamburg-Londonfahrt unter Einbeziehung der Steam Navigation Co. einen Poolvertrag ein. Innerhalb dieses Pools begründeten Hapag und Lloyd eine Fahrplangemeinschaft. Darin einigten sich die beiden Gesellschaften u. a. auf eine gemeinsame Güterannahmestelle in Hamburg. Die Güterannahmestelle des Lloyd wurde am 28. Juni 1929 geschlossen. In London zog man — Prestigegründe scheinen dabei mitgesprochen zu haben — eine soweit gehende ökonomische Konsequenz aus der Gemeinschaftsarbeit nicht. Es blieb bei getrennten Lösch- und Ladeplätzen[3].

So sehr nun auch die beiden Reedereien im gegebenen Augenblick die Gemeinsamkeit ihrer Interessen erkannten und demgemäß zu handeln wußten, so schier unversöhnlich rivalisierten sie dort miteinander, wo die eine Gesellschaft die Interessen der anderen siegreich zurückdrängen zu können glaubte. Diese gesteigerte Rivalität zeigte sich in der Ostseefahrt, wo schließlich beide Unternehmen um die Einflußnahme auf Zubringerlinien wetteiferten und am Ende dieses Machtkampfes auch nicht vor Ratenunterbietungen als Werbemittel gegenüber den Abladern zurückschreckten. Diese Rivalität kam auch zum Durchbruch — leider

[1] Deutschlands Großschiffahrt in 1928, a. a. O. S. 12.

[2] Pauls, H. G.: Die Kartellierung in der internationalen Schiffahrt. Der Deutsche Volkswirt vom 7. Dezember 1928.

[3] Frankfurter Ztg vom 14. Mai 1929. — W. D. 1929, 871. — I. u. H. vom 6. Juli 1929.

wird man im Interesse der deutschen Wirtschaft hinzusetzen müssen —, als die Tschechoslowakei mit dem Plan herauskam, eine eigene Schiffahrtsgesellschaft unter dem Namen „Mitteleuropäischer Lloyd“ zu gründen. An dieser Gründung war durch Vermittlung des Berliner Bankhauses Friedrich Bleibtreu der Norddeutsche Lloyd beteiligt. Der Lloyd sollte die Betriebsführung der neuen Gesellschaft übernehmen. Dieses Projekt ist bedauerlicherweise nicht zur Ausführung gelangt. Man darf annehmen, daß es dem Einfluß der Hapag-Interessenten auf die tschechoslowakischen Regierungskreise in erster Linie mit zuzuschreiben ist, wenn die zur Konstituierung der neuen Gesellschaft notwendige Bestätigung des Handelsministeriums nicht erteilt wurde.

In der Nordatlantikfahrt scheiterten im Vorsommer 1929 Verhandlungen über eine Poolung des Frachtverkehrs von den Nordseehäfen nach Nordamerika. Die Gründe hierfür lagen nicht nur in den Meinungsverschiedenheiten zwischen den deutschen und ausländischen Reedereien, sondern nicht zum geringsten in den widerstrebenden Interessen von Hapag und Lloyd[1].

Nicht minder heftig rivalisierten die beiden Großreedereien in der Südamerikafahrt, wo die Position des Lloyd gerade nicht sehr stark war. Bemühungen der Bremer Gesellschaft, über die bestehenden Konferenzvereinbarungen hinaus eine engere Arbeitsgemeinschaft in dieser Relation mit der Hapag, der Hamburg-Süd und dem Königl. Holländischen Lloyd herbeizuführen, wurden von den deutschen Partnern unfreundlich abgewiesen. Die Verwaltung der Hamburg-Süd zog ihren Antrag auf Zuwahl des Bremer Bankiers Schröder in den Aufsichtsrat ihrer Gesellschaft zurück. Die Hamburg-Amerikalinie gab im Oktober 1929 bekannt, daß sie ihren Südamerikadienst weiter auszubauen gedenke, und daß während des Winters ihre nach der Ostküste Südamerikas fahrenden Schiffe durch Einbau von Bauer-Wach-Abdampfturbinen eine erhöhte Geschwindigkeit erhalten würden (I. u. H. vom 7. Oktober 1929, l'Information vom 1. Oktober 1929). Diese Maßnahmen mußten sich in erster Linie gegen den Norddeutschen Lloyd auswirken. Der Bremer Gesellschaft gelang im Rahmen ihrer Südamerikapläne im Februar 1930 die Paraphierung eines Vertrages zunächst nur mit dem Königl. Holländischen Lloyd. Beide Gesellschaften werden auf Grund eines Poolvertrages ihre im Südamerikadienst beschäftigte Flotte gemeinsam betreiben und durch Fahrplanabstimmung versuchen, Ersparnisse an

[1] Frankfurter Ztg vom 17. Oktober 1929, 1. Morgenblatt.

Betriebskosten zu erzielen. Nach dem Abkommen übernimmt die niederländische Vertretung des Norddeutschen Lloyd die Schiffsmakler- und Staugeschäfte des Königl. Holländischen Lloyds, so daß die holländische Gesellschaft ausschließlich Reederei bleibt.

Während in der Presse noch über Verhandlungen zwischen der Bremer Reederei und dem Königl. Holländischen Lloyd und die ablehnende Stellungnahme der Hamburger Reedereien diskutiert wurde, tauchten an der Börse Anfang März dieses Jahres erneut Gerüchte über Annäherungsbesprechungen zwischen Hapag und Lloyd auf. Am 23. März 1930 war der Inhalt des zwischen Hapag und Lloyd geschlossenen Vertrages bekannt. Die Plötzlichkeit, mit der man sich nun doch endlich zusammengefunden hatte, und die Vertragsdauer, auf die man sich geeinigt, konnten wohl überraschen. Denn die Gründe, die man bislang gegen eine weitergehende Verbindung der beiden Gesellschaften ins Feld geführt hatte, waren durchaus ernst zu nehmen. Man kehrte vor allem gegen eine Fusion zwei Gesichtspunkte hervor: Einmal sagte man, wenn Hapag und Lloyd zu einer einzigen Reederei vereinigt würden, erleichtere man dem Staat eine eventuelle Einflußnahme auf das Unternehmen; auch könnte es die Durchführung von Sozialisierungsbestrebungen begünstigen, wenn nur ein einziges Schiffahrtsunternehmen vorhanden wäre. Den zweiten Einwand formulierte Geheimrat Kuno gelegentlich so, daß ein freundschaftlicher Wettbewerb zwischen den beiden Gesellschaften durchaus seine Vorteile habe. Nachdem der Zusammenschluß erfolgt ist, ist es müßig über das Für und Wider dieser Argumente zu streiten. Hapag und Lloyd sind auf 50 Jahre durch eine Arbeits-, Interessen- und Risikogemeinschaft verbunden, die den Zweck hat, den wirtschaftlichen Erfolg einer Fusion zu erzielen. Unter Wahrung der Selbständigkeit beider Gesellschaften erfolgte eine vollständige Vereinigung der Interessen in den Vorständen, in der Verteilung des Jahresertrages und im Schiffahrtsbetriebe.

Die Gründe, die die Verständigungsbereitschaft auf beiden Seiten stärkten, mögen einmal in der Unsicherheit, die über Höhe und Auszahlungszeitpunkt der amerikanischen Freigabegelder bestand, zu suchen sein. Vielleicht haben die schlechten Aussichten im Frachtengeschäft oder die Sorge um eine stärkere Stellung in künftigen Ratenkriegen die Stimmung für die Arbeitsgemeinschaft erhöht. Ohne Zweifel ist aber ein sehr großer Teil der Initiative in dieser Angelegenheit dem Finanzkapital zuzuschreiben, das von Berlin und von Bremen aus einen sehr mitbestimmenden Einfluß im Sinne des Zusammenschlusses geübt hat.

Nach und nach geht man daran, die wirtschaftlichen Verbesserungen, die durch den Vertrag für die einzelnen Dienste möglich geworden sind, durchzuführen. Als erstes wurde die Umorganisation der Güterwerbedienste im Nord-Ostsee-Geschäft in die Wege geleitet. Der Gemeinschaftsdienst nach Ostasien wurde am 10. Juni 1930 wieder eröffnet. Die Abfahrten beider Reedereien sind in einem gemeinsamen Fahrplan eingeordnet, und in sämtlichen Häfen, die auf dieser Fahrt angelaufen werden, sind gemeinsame Ladeplätze festgelegt. Die bis dahin getrennten Dienste nach den amerikanischen Outports wurden bereits Ende Mai in einen zehntägigen Gemeinschaftsdienst umgewandelt. In der Fahrt nach der Westküste von Nordamerika räumte der Lloyd den besser geeigneten Schiffen der Hapag das Feld. — Die Plätze an der Westküste Zentralamerikas werden seit September 1930 von der Gemeinschaft Hapag-Lloyd nicht mehr wie bisher über die westindischen Häfen, sondern direkt bedient. Für den Verkehr nach den Westindischen Inseln ist ein besonderer Dienst eingerichtet worden[1]. Der Mexikodienst von Hapag-Lloyd konnte dadurch erweitert werden, daß es gelang, die Reederei Schuldt in Flensburg auf Grund freundschaftlicher Verständigung aus diesem Verkehr auszuschließen. Gegen Eintausch anderer Tonnage trat die Firma Schuldt ihre bisher in der Mexikofahrt beschäftigten Schiffe an Hapag-Lloyd ab[2]. — Es ist weiter als eine Folge der Hapag-Lloyd-Union zu werten, wenn am 1. Januar 1931 die Interessen der Stettiner-Dampfer-Compagnie in der Hauptsache direkt auf den Norddeutschen Lloyd übergehen[3]. Durch diese Transaktion wird die bereits seit langer Zeit als notwendig erkannte Rationalisierung der Levantefahrt möglich. Bisher wurde dieses Verkehrsgebiet von der Deutschen Levantelinie G. m. b. H. als Betriebsgesellschaft der Hapag, des Norddeutschen Lloyd und der Stettiner-Dampfer-Compagnie befahren. Die StettinerReederei, für die sich inzwischen Stettin als eine nicht mehr ausreichende Frachtbasis erwiesen hatte, unterhielt aber außerdem noch eigene Befrachtungskontore und Inspektionen. Auf diese wird man nunmehr nach Auflösung der Stettiner-Dampfer-Compagnie rationellerweise verzichten können.

Der Zusammenschluß der beiden deutschen Großreedereien hat — soweit man darüber auf Grund der Fahrplanverbesserungen überhaupt schon ein Urteil fällen kann —, bisher folgendes Ergebnis gezeitigt: Rationelle Verwendung der gemeinsamen

[1] J. und H. v. 4. 11. 1930.

[2] J. und H. v. 31. 10. 1930, Frankfurter Zeitung v. 30. 10. 30.

[3] Berliner Tageblatt v. 15. 10. 1930.

Tonnage, Vermehrung der Abfahrten, Beschleunigung der Verkehre. Das ist eine Schiffahrtspolitik, die unter normalen wirtschaftlichen Verhältnissen stets zu einer Belebung des Verkehrs geführt hat.

Die Verhandlungen der Hapag-Lloyd-Union mit der Hamburg-Südamerikanischen-Dampfschiffahrtsgesellschaft über die Zusammenarbeit in der Südamerikafahrt sind wenigstens einen Schritt vorangekommen[1]. Der Post- und Passagierverkehr nach Südamerika erfolgt vom 1. Januar 1931 ab nach einem gemeinsamen Fahrplan, der die Abfahrten des Südamerikadienstes aller drei Gesellschaften regelt. Durch dieses Übereinkommen wird die Einwirkung reiner Konkurrenzrücksichten im Kampf um die Buchungen in Zukunft ausgeschlossen sein. Als wirksam mag sich ferner die Abrede dieser Verständigung erweisen, nach der sich die drei beteiligten Reedereien verpflichtet haben, je zwei Schiffe aus ihrem Südamerikadienst herauszuziehen. Man wird dieses als ein Teilergebnis der Verhandlungen anzusehen haben, die im Sinne einer wirtschaftlich zweckmäßigen Ausgestaltung der gesamten deutschen Südamerikafahrt geführt werden.

Ob sich aus der Entstehung des neuen Schiffahrtsblocks auch Rückwirkungen irgendwelcher Art auf die Interessen der Abladerschaft ergeben werden, wird die Zeit lehren müssen. Die ökonomischen Vorteile des Gemeinschaftsabkommens für die beiden Gesellschaften sind sehr groß. Eine zweckmäßigere Ausnützung der Flotteneinheiten ist möglich. Tonnage, die in Folge davon frei wird, kann in den Dienst neuer, bisher noch nicht wieder angeknüpfter Verkehrsbeziehungen gestellt werden. Die Gemeinsamkeit der Reklame- und Propagandamaßnahmen wird Ersparnisse bringen. Durch Verzicht auf jegliche Rivalität bleibt kostspielige Konkurrenz, wie sie durch Wettbauten hervorgerufen werden kann, ausgeschlossen. An den materiellen Energien wird es als Folge der Verständigung somit nicht fehlen. Die Frage bleibt, ob es gelingt, in dem neuen Riesengebilde sich die persönlichen Energien zu erhalten, die — verantwortungsfreudig und wagemutig — die Seele des wirtschaftlichen Fortschritts sind.

## 3. Die Linienreederei-Verbände in ihrer Bedeutung für die Ratengestaltung.

Auf den Hauptverkehrsrouten der Meere haben sich die Linienreedereien zu Linienverbänden nach den soeben vorgestellten Formen zusammengeschlossen und so eine wirtschaftliche Macht-

[1] J. und H. v. 7. 10. 1930, Kölnische Zeitung v. 8. 11. 1930.

stellung erlangt. Was bedeutet nun diese wirtschaftliche Machtstellung für die Preisbildung am Seefrachtenmarkt?

Sie bedeutet etwas ganz Außerordentliches, denn die monopolähnliche Marktstellung der Linienverbände schafft die Voraussetzung für die Einführung des Seefrachttarifwesens. Nur dort, wo es gelingt, die Konkurrenz in weitgehendem Maße auszuschalten, kann man dem Bedarf des Handels nach stetigen Frachtraten genügend Rechnung tragen.

Die Stabilität der Frachtraten bewirkt, daß der Kaufmann bei seiner Kalkulation hinsichtlich der Frachten mit festen statt mit schwankenden Größen rechnen kann. Der Abschluß langfristiger, überseeischer Lieferungsverträge wird erleichtert. In diesem Sinne wird Kojima zu verstehen sein, wenn er sagt: „Stable freight rates work for the progress of trade[1]".

Eine weitere, für die Verkehrsentfaltung wichtige Folge ist, daß die monopolähnliche Stellung der Linienverbände die Preisbildung nach dem Prinzip der Teilung des Marktes erleichtert. Eine Verteilung der Preislasten unter Berücksichtigung des Wertes der Güter wird ermöglicht. Hochwertige, auf die Verschiffung mit schnellen Liniendiensten angewiesene Güter werden in eine höhere Tarifklasse eingereiht und der Erlös wird zur Subventionierung der Beförderung von Gütern geringeren Wertes verwendet[2]. Mit anderen Worten: Die Preise werden festgesetzt nach dem Grundsatz „what the traffic will bear". Was der Verkehr zu tragen vermag, muß die Erfahrung lehren.

Die Teilung des Marktes findet in der Seeschiffahrt im weitesten Sinne des Wortes Anwendung. Es genügt nicht, daß die kombinatorischen Fähigkeiten des Reedereiunternehmers nur bei der Zusammensetzung der Ladung zur Geltung kommen. Darüber hinaus weiß der wagemutige, weitschauende Unternehmer lohnende Verkehre mit weniger oder zunächst noch gar nicht lohnenden Verkehren zu kombinieren. Es wird der deutschen Seeschiffahrt mit Recht nachgerühmt, nach diesem Prinzip wiederholt dem Handel voraufgegangen zu sein. Damit soll jedoch nicht den Reedern mehr Idealismus zugesprochen werden, als anderen Unternehmergruppen. Der Ertragsgedanke ist nicht ausgeschaltet, dennoch macht es für die Entwicklung einer Volkswirtschaft einen Unterschied, ob ein Verkehrsunternehmen sich allein nach den Ertragsquellen orientiert, die gerade der Augenblick ihm eröffnet, oder ob, ohne Rücksicht auf gegenwärtigen Gewinn, aber in Er-

[1] Kojima: a. a. O. **1928**, 113.

[2] In Anlehnung an die Formulierung Marshalls, zit. bei Schumpeter: Edgeworth und die neue Wirtschaftstheorie. W. A. **22**, 195.

wartung zukünftiger Erträge, Verkehrspolitik auf lange Sicht betrieben wird.

Ferner ist in Betracht zu ziehen, daß durch die Vielfältigkeit der Verkehrsrelationen, die Großreedereien sich eine Versicherung gegen gelegentliche Ausfälle auf einzelnen Verkehrsgebieten schaffen. Das Risiko auf diese Weise zu verteilen und damit für die einzelnen Verkehre zu verringern, war eines der Hauptziele Ballinscher Schiffahrtspolitik[1].

Ein weiterer Vorzug des Tarifsystems ist, daß nunmehr eine gleichmäßige Behandlung aller Ablader stattfinden kann. Der kleine Ablader wird, gegenüber dem großen Ablader, grundsätzlich gleich behandelt.

Durch die Ratenpolitik, die sich auf Grund der monopolartigen Marktstellung der Linienverbände durchführen läßt, kann eine weitgehende Anpassung an die Bedürfnisse des Verkehrs viel eher als im Falle ungeregelter Konkurrenz erreicht werden. Es fragt sich nur, ob eine Ausnützung dieser Machtstellung nicht zu einer willkürlichen Preisgestaltung durch die Reeder führen kann. Edgeworth[2], der gerade über die Preisbildung unter dem Schutz von Monopolen viel nachgedacht hat, kommt zu der Auffassung, „daß die ökonomische Theorie unter heutigen Verhältnissen die Preisfestsetzung und Einkommensbildung in sehr vielen Fällen nicht mehr aus sich heraus zu erklären vermag und der Kausalzusammenhang, der in der Konkurrenzwirtschaft wirklich von fast naturgesetzlicher Stringenz war, sich mehr und mehr zu lockern und willkürlichen Gestaltungen Raum zu bieten tendiert, deren Untersuchung neue Methoden und neue Gesichtspunkte erfordert".

Trifft diese Erkenntnis für die Seeschiffahrt zu? Findet tatsächlich die Festsetzung der Tarife willkürlich statt und ist die Konkurrenz als Ordnungsprinzip dort ausgeschaltet, wo Linienreedereien sich zu Linienverbänden zusammenschließen?

Jeder, der sich je mit den Verhältnissen am Seefrachtenmarkt eingehender befaßt hat, wird wissen, daß von einer Ausschaltung der Konkurrenz hier keine Rede sein kann. Zwar nimmt die Linienschiffahrt für die Beförderung hochwertiger und auf sachgemäßer Behandlung angewiesener Güter eine Art Monopolstellung ein. Durch Gewährung von Kontraktraten oder durch das Rabattsystem kann sie darüber hinaus die Ladungsbeteiligten an die ausschließliche Benutzung ihrer Schiffe binden und somit

---

[1] Huldermann: a. a. O. Albert Ballin. S. 109 u. 116.
[2] Zit. bei Schumpeter: Edgeworth und die neue Wirtschaftstheorie. W. A. 22, 195.

für die Dauer dieser Abmachungen das Eindringen von konkurrierenden Linien erschweren. Dennoch ist eine Überspannung dieser Machtstellung, ohne gleichzeitig Konkurrenz auf den Plan zu rufen, ausgeschlossen. Denn nur selten sind in einer Konferenz sämtliche Linienreedereien des betreffenden Verkehrs vereint. Im Falle einer rigorosen Frachtpolitik der Konferenz versuchen die Outsider-Linien sofort durch Unterbietung eine Abwanderung der Güter zu ihren Schiffen zu bewirken. Auch die freie Fahrt sucht, durch die größeren Gewinnchancen angelockt, ins Geschäft zu kommen. Die Frachtensteigerung braucht nicht einmal den ganzen Tarif zu betreffen. Schon die Tatsache, daß eine Tarifposition übermäßig hoch angesetzt ist, reicht aus, um Konkurrenz herbeizulocken. Es werden dann entweder Spezialschiffe für den Transport solcher Güter angelegt (z. B. Autotransportschiffe) oder, falls eine besondere Qualität Tonnage nicht erforderlich ist, suchen die Ablader am freien Markt auf eigene Rechnung Dampfer zu chartern. Mit dieser Maßnahme drohen gegenwärtig gerade die beiden führenden Unternehmen der australischen Wollindustrie, die mit der Höhe der Wollfrachten von Australien nach Japan unzufrieden sind[1]. Noch weiter geht die Südmandschurische Eisenbahngesellschaft. Diese hat eine Erweiterung des ihr angegliederten Schiffahrtsunternehmens in die Wege geleitet, mit dem Zweck, sich von den Frachtforderungen der kleinen japanischen Schiffahrtslinien unabhängig zu machen und so im Absatz der Kohle ungehindert zu sein[2]. Die Geschichte der Seeschiffahrt ist reich an Beispielen, die zeigen, daß höhere Erträge, als andere Erwerbszweige sie gewähren, hier auf die Dauer nicht behauptet werden können.

Man darf auch nicht vergessen, daß die Konferenzabkommen auf Zeit geschlossen sind. Poolvereinbarungen werden gewöhnlich jährlich erneuert. Oben ist bereits angedeutet worden, wie selbst innerhalb eines Pools Möglichkeiten zum Fortbestehen der Konkurrenz offen bleiben und wie die latente Konkurrenz unter den beteiligten Reedern überhaupt nicht ausgeschaltet werden kann. Steht doch eine Heraufsetzung des Poolanteils als Lohn im Hintergrund. Daß die latente Konkurrenz innerhalb der Konferenzlinien niemals aufhört, versucht Huldermann[3] vom Standpunkt des erfahrenen Praktikers zu erklären:

[1] Aus der japanischen Schiffahrt. I. u. H. vom 4. April 1929.

[2] I. u. H. vom 30. April 1929. Die Mandschurische Eisenbahngesellschaft verfügt über eigene Kohlenbergwerke und ein Stahlwerk in ihrem Hinterland. Ihre Schiffstransporte betreffen: Kohle, Roheisen, schwefelsaures Ammoniak und das in Anzan aus Schiefer gewonnene Öl.

[3] Huldermann: Albert Ballin. S. 165 u. 166.

„Was diese Vereinbarungen ausschalten sollen, ist der menschliche Egoismus, der aber unausrottbar ist. ‚Du magst die Natur mit der Heugabel austreiben, sie kehrt doch zurück‘, sagt der römische Dichter und so bedarf es da, wo eine menschliche Eigenschaft wie der Egoismus durch Verträge in Schranken gehalten werden soll, nicht nur einer ständigen Flickarbeit an dem Vertragsnetz, sondern von Zeit zu Zeit einer gründlichen Reparatur auf neu“.

Wer aus der Tatsache der vertraglichen Regelung der Konkurrenz bereits auf ein Aufhören der Konkurrenzwirtschaft schließen zu müssen glaubt, dem mögen folgende Äußerungen von Fachleuten über die mit Schiffahrtskartellen gemachten Erfahrungen Anlaß geben, solche Schlußfolgerungen nochmals zu überdenken: Der Präsident einer spanischen Handelskammer sagte mir zu dieser Frage (1928): Von den Schiffahrtskonferenzen ist nicht viel zu halten, denn die Konferenzmitglieder halten sich nicht an ihre Abmachungen. Ein Reeder meint: Man trifft Vereinbarungen, um sich desto besser hintergehen zu können. Ganz allgemein über internationale Kartelle äußerte sich das Vorstandsmitglied des Reichsverbandes der Deutschen Industrie Dr. Lammers anläßlich der Beratung des Wirtschaftsrates des Völkerbundes[1]. Er sagte: Die meisten internationalen Kartelle stellen, privatwirtschaftlich gesehen, nur den risikovollen Versuch dar, große Gegensätzlichkeiten auf eine mittlere Linie zu bringen, und die auf diese Weise erzielte Einigung täglich erneut hinter verschlossenen Türen zu bekämpfen.

Diese Äußerungen sollen lediglich als Beweis dafür hingestellt werden, daß tatsächlich Konkurrenz weiter besteht. Die deutschen Reedereien, die durchweg konferenzfreundlich sind, haben das Prinzip, nichts zu tun, was sie um den Ruf, zuverlässige Vertragspartner zu sein, bringen könnte.

Andere Arten von Verkehrsmitteln, die nach den gleichen Grundsätzen wie die Linienschiffahrt ihre Dienste eingerichtet, allerdings den Vorzug größerer Schnelligkeit für sich haben, erweisen sich für die Seeschiffahrt teils als Konkurrenten, teils als ihre Förderer.

So zeigt sich die Eisenbahn als Konkurrentin z. B. im Fruchtverkehr von Süditalien[2]. Sie bedeutete vor 1914 eine fühlbare Konkurrenz für den ostasiatischen Verkehr durch die sibirische Bahn[3]. Bei der Bedienung der Westküstenhäfen von Nord- und Südamerika macht sich der Wettbewerb der Transkontinentalen Bahnen für die europäische Schiffahrt derart bemerkbar, daß diese

---

[1] I. u. H. vom 9. Mai 1929.

[2] Jber. des Vereins Hamburger Reeder 1926/27.

[3] Thiess: a. a. O. S. 141.

Verkehrsrelationen im Vergleich zum Verkehr nach der Ostküste keine ausschlaggebende Rolle spielen. Im Passagierverkehr handelt es sich infolge dieses Wettbewerbes um so niedrige Zahlen, daß der Bedarf durch entsprechende Einrichtungen auf kombinierten Dampfern unschwer bewältigt werden kann[1].

Ob auch der Flugverkehr einmal zu einer fühlbaren Konkurrenz für die Seeschiffahrt werden oder ob die verkehrswerbende Bedeutung dieses neuen Verkehrsmittels eher zu einer Förderung der Schiffahrt sich auswirken wird, ist auf Grund der bisherigen Erfahrungen noch nicht zu beurteilen. Gegenwärtig kann von einem Konkurrieren zwischen Luftschiffahrt und Seeschiffahrt keine Rede sein. Das Interesse, das die Reeder dem neuen Verkehrsmittel entgegenbringen, äußert sich nach zwei Seiten. Die Reedereien versuchen durch finanzielle Beteiligung sich Einfluß auf Luftfahrtgesellschaften zu sichern, oder es wird die Leistungsfähigkeit der Reedereien durch Kombination von Liniendienst und Luftverkehr erhöht.

Die Stoomvaart Maatschappij „Nederland" und der Rotterdamsche Lloyd, die in erster Linie den Dienst Holland-Niederländisch-Indien versehen, sind beide seit 1928 mit je 250000 Fl. an der Ned. Ind. Luftschiffahrtsgesellschaft beteiligt (I. u. H. vom 7. September 1929).

Eine Kombination zwischen Liniendienst und Luftschiffahrt besteht beim Norddeutschen Lloyd speziell für die Postbeförderung, bei der Deutschen Dampfschiffahrtsgesellschaft „Hansa" für Güter, die bestimmte Ausmaße nicht überschreiten dürfen. Der kombinierte Luft- und Seetransport der „Hansa" ist für den Dienst nach Persien eröffnet worden[2]. Für diesen Verkehr waren für November — ausgenommen gefährliche Güter — Güter mit einem Höchstmaß von 50 × 50 × 100 ccm zugelassen. Die betreffenden Güter werden in Bushire gelöscht und von hier mit der Junkers-Luftverkehr Persien, in das Innere des Landes gebracht. Diese Neueinrichtung bedeutet eine hervorragende Verbesserung für eilige Güter. Die Strecke Bushire-Teheran, die zur Zeit bei Karawanentransport noch mehrere Wochen in Anspruch nimmt, wird per Flugzeug in einem Tag bewältigt.

Als eine fast selbstverständliche Folge aus dem Zusammenschluß der Reeder muß es erscheinen, wenn auch die Ablader versuchen, durch Zusammenschluß ihrerseits ihre Stellung gegenüber den Konferenzen zu stärken. Verlader-Assoziationen sind

[1] Wirtschaftsheft der Frankfurter Ztg Nr 6, S. 25, die Ausführungen von Geheimrat Stimming, Bremen.

[2] Hierzu: J. u. H. vom 20. November 1928.

bereits im Report of the Royal Commission on Shipping Rings[1] und von den im Jahre 1920 eingesetzten Imperial Shipping Committee empfohlen worden, jedoch ist ihr Zustandekommen nicht so einfach. Die Abladeinteressen sind sehr verschieden, nicht nur in nationaler Hinsicht, sondern auch die Vergütungen vieler an der Verfrachtung beteiligter Kreise stehen im engen Zusammenhang mit der Höhe der Frachten. Diesen Leuten kann daher von ihrem privatwirtschaftlichen Standpunkt aus eine Ratensteigerung nur angenehm sein. Bisher haben im britischen Empire zwei Abladerbünde sich durchzusetzen vermocht: the South African Trade Association und the Australasian Merchants' Association. Beide Bünde haben mit den betreffenden Schiffahrtskonferenzen Abmachungen getroffen, die z. B. im Australverkehr folgende Bestimmung enthalten[2]: no general increase in basis rates shall be made except after consultation with the Australasian Merchants' Association and full consideration of the shippers' views thus ascertained. In England wird auf Betreiben der Federation of British Industries und des Verbandes englischer Handelskammern ernstlich an dem Zustandekommen einer Nordatlantischen Abladerkonferenz gearbeitet[3].

Das Entstehen dieser Abladerbünde unfreundlich zu begrüßen, haben die Reedereien keinen Grund. Ist auch gegenwärtig es nicht üblich, vor der Feststellung der Tarife sich mit Handelskammern oder direkt mit Vertretungen der Abladerkreise ins Benehmen zu setzen, so werden bei der Tarifbildung die Wünsche der Kunden dennoch nicht außer acht gelassen[4]. Sind aber Abladerkreise organisiert, dann können sie um so eher eine Konkurrenzlinie unterstützen, wenn sie mit den Leistungen der Konferenz unzufrieden geworden sind. Die Gerüchte darüber wollen nicht verstummen[5], daß im Konkurrenzkampf in der Südafrikafahrt die South African Trade Association eine den Konkurrenten unterstützende Rolle gespielt habe. Jetzt, nach Beendigung dieses Kampfes scheint sich zu bestätigen, was der Präsident des englischen Handelsamtes[6] über die Frachtbeschwerden der Verladerverbände einmal sagte: „Ich selbst habe die Erfahrung gemacht, daß Frachtraten, die übertrieben erscheinen, sich bei eingehender Untersuchung nicht so erweisen.“

---

[1] Helander: a. a. O. S. 155. [2] Kojima: a. a. O. **1927**, 117.
[3] I. u. H. vom 30. November 1928.
[4] Murken: a. a. O. S. 134. — Giese: a. a. O. S. 293 u. 304.
[5] Salinger, H. D.: Schlußbilanz des Schiffahrtskampfes in der Süd-Afrika-Fahrt. I. u. H. vom 13. Dezember 1928.
[6] Hansa, März 1928, S. 440.

Kojima[1] macht darauf aufmerksam, daß mindestens für solche Verkehre, in denen Tarife unter Mitwirkung von Abladerverbänden ausgemacht würden, man den Tarif nicht mehr als ein „einseitiges, autoritativ festgesetztes Verzeichnis“ definieren dürfe, wie Giese es tut. Der japanische Spezialist scheint den Sinn übersehen zu haben, den Giese mit diesen Worten verbindet. Giese will nicht behaupten, daß die Seefrachttarife ohne jegliches Verantwortungsgefühl der Volkswirtschaft gegenüber festgesetzt würden. Er will nur hervorheben, daß, um überhaupt dem Verkehr die Vorzüge eines Tarifsystems zuteil werden lassen zu können, eine konkurrenzlose, autoritative Stellung der Anbieter am Markt notwendig ist[2]. Auch dort — so wird man fortfahren müssen —, wo die Reeder mit Abladerbünden zusammenarbeiten, würden die getroffenen Preisvereinbarungen ohne irgendwelchen praktischen Wert bleiben, wenn die Reeder nicht über eine genügende Herrschaft über den Markt verfügten.

Wenn nun auch die Schiffahrtskonferenzen zu jenen Kartellen gehören, mit denen sich die öffentliche Meinung so viel wie gar nicht beschäftigt, so sind dennoch hier und da einige Kritiken an der Ratenpolitik laut geworden.

Die Schiffahrtskonferenzen haben internationalen Charakter. Die von ihnen aufgestellten Seefrachttarife werden daher nicht immer ohne das Hilfsmittel des Kompromisses zustande kommen können. Ja, es werden sogar die Reedereien desjenigen Landes, die den größten Verkehrsanteil einer bestimmten Linie bewältigen, die Ratengestaltung maßgebend zugunsten der Wirtschaft ihres Landes beeinflussen können. Inwieweit diese Reedereien ihren Einfluß in dieser Richtung geltend zu machen vermögen, und inwieweit die übrigen Reedereien hier zu Konzessionen bereit sein werden, hängt letzten Endes von dem Interesse ab, das alle an dem Fortbestehen der Konferenz haben. Immerhin kann auf diese Weise eine gleichmäßige Berücksichtigung der Spezialinteressen der einzelnen nationalen Wirtschaftsgebiete zum mindesten erschwert werden.

Der hier angeführte Vorwurf gegen das Konferenzsystem wurde wiederholt gegen die Ratenpolitik der beiden auf Britisch-Indien fahrenden Frachtkonferenzen erhoben, und zwar aus hanseatischen Handelskreisen. Die Raten waren unter entscheidender Mitwirkung Englands festgesetzt worden. Da nun England den indischen Markt in erster Linie mit hochwertigen Erzeugnissen versorgt, die durch Frachtraten ungleich weniger belastet werden

[1] Kojima: a. a. O. **1927**, 116ff.
[2] Giese: a. a. O. S. 11, 293, 303 u. 304.

als billige Produkte wie sie Deutschland nach Indien exportiert, stellten sich die Konferenzraten als eine einseitige Begünstigung der englischen Interessen dar. Die sinkende Tendenz des deutschen Ausfuhrhandels nach Britisch-Indien wurde als eine Folge dieser Ratenpolitik hingestellt[1].

Den häufigen Vorstellungen aus Abladerkreisen kamen die Konferenzen um die Jahreswende 1928/29 entgegen. Inzwischen haben bereits 50 Tarifpositionen eine Änderung erfahren[2].

Professor Kojima hebt auf einen anderen Mangel der Tariffrachtraten ab. Er meint[3]: Wenn Tariffrachtraten auf einer bestimmten Höhe stehenbleiben, obgleich die Preise für Waren eine steigende Tendenz zeigen, so wird das den Handel verleiten, sich mit seinen Orders zu übernehmen. Der Einbruch einer Krise wird unvermeidlich. (These rates „will have the effect of accentuating the supposed demend“ [merchants' demand] with the inevitable effect of expediting an economic panic.)

Es ist bei der engen Verbundenheit, in der alle Preise miteinander stehen, wohl immer unfruchtbar, einen Preis isoliert zu betrachten und für bestimmte Markterscheinungen als alleinige Ursache annehmen zu wollen. Gewiß, ein niederes Ratenniveau ist einer Verkehrsbelebung günstig, aber doch nur dann, wenn es hilft, neue Ertragsquellen zu erschließen. Die Möglichkeit hierzu dürfte jedoch eingeschränkt werden, wenn für die Inanspruchnahme der Produktionsfaktoren höhere Preise gezahlt werden müssen. Wenn dem Kaufmann die Bevorschussung seiner Wareneinkäufe verteuert wird, wenn die Arbeiter Erhöhung der Löhne fordern, wenn die Beschaffung der Rohstoffe in den gefragten Mengen nur zu höheren Preisen erfolgen kann, so wird man sagen dürfen, daß die Bremswirkungen, die der Aufschwung von dieser Seite her erfährt, nicht mehr wesentlich durch konstant gebliebene Frachtraten gemildert werden können.

Man darf und kann nicht von Schiffahrtskonferenzen eine ideale Lösung aller Schwierigkeiten erwarten. Es sind Menschen, die hier handeln, und was hier geordnet und geregelt wird, bleibt Menschenwerk mit seinen Mängeln. Das eine wird man aber dennoch vertreten dürfen: Unter dem Schutz der monopolähnlichen Stellung der Linienreedereiverbände wird diejenige Transportpreisbildung möglich, die den Dauerinteressen der einzelnen Wirtschaftsgebiete besser gerecht wird, als es bei dem risikovollen Auf

[1] I. u. H. vom 25. April 1929.

[2] Zur Schiffahrtspolitik der Britisch-Indien-Konferenzen. I. u. H. vom 25. April 1929; ferner I. u. H. vom 22. Mai 1929.

[3] Kojima: a. a. O. **1927**, 132.

und Ab der Preisbewegungen unter ganz freier Konkurrenz der Fall sein könnte.

## 4. Das für die Ratengestaltung am Seefrachtenmarkt maßgebende Preisbildungsprinzip.

Das Streben der Reeder zielt auf eine möglichst ergiebige Verwendung ihres Tonnageangebotes. Diesem Ziel ist nun in der Seeschiffahrt nicht einfach dadurch beizukommen, daß man einen einzigen für alle Verkehrsakte gleich hohen Preis durchzusetzen vermag. Im Gegenteil kommt es in den meisten Fällen auf die Art der Verbindung mehrerer Preise an, wenn ein lohnender Gewinn erzielt werden soll.

Um die Marktmöglichkeiten zweckmäßig ausnutzen zu können, bieten die Reeder nicht Frachtraum schlechthin an, sondern es wird der Markt nach den Ansprüchen, die an die Schiffsräumte gestellt werden, aufgeteilt. Diese Teilung des Marktes ist in der Trampschiffahrt nur soweit möglich, als es die Vertretbarkeit der hier eingesetzten Tonnage zuläßt. Für die Linienschiffahrt ergeben sich hieraus erst die eigentlichen Chancen des Geschäfts. Es entsteht nun ein Markt für den Passagierverkehr, der sich wiederum nach Klassen in Teilmärkte unterordnet. Es entstehen Märkte für Spezialräumte zur Deckung des Bedarfes, z. B. an Kühlraum, an Tankerraum, an Einrichtungen zur Autobeförderung usw. Diese Spezialisation des Angebotes macht es den Reedern möglich, sich der Zahlungswilligkeit und der Zahlungsfähigkeit ihrer Ablader anzupassen. Allein so läßt sich eine zweckmäßige Ausnutzung der dargebotenen Tonnage erreichen und der bestmögliche Gewinn erzielen. Im Ergebnis stellt sich also die Teilung des Marktes als eine Kombination von gut und weniger gut zahlenden Frachten dar.

Eine derartige Kombination kennen auch andere Verkehrsunternehmungen. Es ist bekannt, daß bei den Eisenbahnen nicht nur in Deutschland der Personenverkehr aus den besseren Einnahmen des Güterverkehrs subventioniert wird. Hier ist jedoch die Teilung des Marktes eher reibungslos durchzuführen, da meist eine Monopolstellung von den Bahnen eingenommen wird. In der Seeschiffahrt erfolgt die Anwendung dieses Prinzips unter Konkurrenz. Ja, die Kombination von gut und weniger gut zahlender Fracht wird den Reedern manchmal sogar zwangsläufig aufgenötigt; nämlich dann, wenn die Stabilität der Schiffe, wenn Gründe der Sicherheit des Verkehrs — also Gründe technischer Art — es erfordern. Dann muß die nötige Menge Schwergut meistens zu sehr niedrigen Raten aus dem Markt genommen werden. Für die hierdurch entstehenden, ungedeckten Kosten werden die Einnahmen aus besser zahlenden Gütern herangezogen.

Wenn hier der Teilung des Marktes als dem zur Erklärung der Ratengestaltung maßgebenden Preisbildungsprinzip grundsätzliche Bedeutung beigemessen wird, so ist damit durchaus die Praxis der Reeder verträglich, den höchstzahlenden Frachtgütern bei der Beförderung den Vorrang zu geben. Die betreffenden Agenten werden zur Rechenschaft gezogen, wenn sie die Güter, in denen am Frachtenmarkt gerade eine gute Konjunktur herrscht, nicht bevorzugen oder nicht in der möglichen Menge anliefern.

Im Gegensatz zu der hier vorgetragenen Auffassung verficht Murken in seinem großen Werk über die Linienreedereiverbände diese Meinung[1]: Die Gestaltung der Ozeanfrachten vollzieht sich ganz unabhängig von den Passageraten und umgekehrt; beide folgen ihren eigenen Gesetzen. Rein äußerlich kommt diese Tatsache schon dadurch zum Ausdruck, daß die Frachten- und Passageabteilungen der großen Reedereien räumlich getrennt sind und unabhängig voneinander operieren. — Die Ansicht Murkens muß um so mehr befremden, da doch gerade für die Hapag Fracht- und Zwischendeck die Basis der Rentabilität bildeten. Mit der Einstellung der Imperatorenklasse wurde es dann die Kajüte, die die Rentabilität des Unternehmens stützte[2]. Die niederen Raten für Massengüter im Nordatlantikverkehr wären unverständlich, wenn man nicht die besseren Einnahmen ergänzend in Betracht ziehen wollte, die die Reeder aus anderen Zweigen ihres Geschäftes — in dieser Relation eben aus dem Passagegeschäft — erzielen.

Im Laufe der letzten Jahre hat es sich wiederholt ereignet, daß die modernen, schnellfahrenden Frachtdampfer ihren Bestimmungshafen eher erreichten als die regelmäßigen Post- und Passagierdampfer. Es ist unter diesen Umständen kein Wunder, wenn man bestrebt ist, diese Schnellschiffe mit ansprechenden, bequemen Räumlichkeiten für etwa 12—40 Passagiere auszustatten[3]. Daraus wird aber wiederum eine Änderung in der Preisstellung sowohl für Frachten wir für die Passagierbeförderung sich ergeben können. Es wäre Torheit, wenn ein Reeder hier orthodox auf dem Standpunkt beharren wollte, daß die Gestaltung der Frachtraten sich unabhängig von den Passageraten und umgekehrt zu vollziehen

---

[1] Murken: a. a. O. S. 119.
[2] Huldermann, B.: a. a. O., Albert Ballin. S. 163.
[3] Hansa vom 5. Januar 1929.

hätte. Das Ergebnis des Konkurrenzkampfes würde solcher Einstellung ins Gesicht schlagen.

## B. Der Staat und die Preisbildung in der Seeschiffahrt.

### 1. Die Staatsreederei.

Es wird die Meinung vertreten, daß der Staat ein Reedereiunternehmen besser zu leiten verstände als diejenigen, die es aufgebaut hätten. Eine Handelsflotte als Regierungseigentum und von der Regierung betrieben, würde — so behauptet man[1] — die Beförderung zum Selbstkostenpreis leisten.

Wohl niemand wird dieser Vorstellung zu widersprechen wagen, wenn tatsächlich durch die Verstaatlichung der Reedereibetriebe die Bedürfnisbefriedigung der Menschen auf eine bessere Grundlage gestellt werden könnte, als es zur Zeit der Fall ist. Aber leider sind die Erfahrungen, die z. B. Frankreich, Australien, Kanada und die Vereinigten Staaten mit ihren Staatsflotten gemacht haben, durchaus nicht geeignet, Sympathien für eine Wiederholung dieses Experiments zu wecken.

Die Raten konnten nicht beliebig niedrig angeordnet werden. Denn dagegen setzten sich die privaten Reeder in den betreffenden Ländern entschieden zur Wehr[2]. Gelegentlich wurden jedoch gerade von Staatsreedereien sehr hohe Raten verlangt, weil die Regierungen keinen anderen Ausweg fanden, um das Defizit ihres Betriebes zu decken. Die Australische Staatsreederei hat zeitweise so hohe Raten gehalten, daß die Wollausfuhr darunter litt und Argentinien seinen Wollabsatz erhöhen konnte[3].

Aber setzen wir ruhig einmal den Fall, daß alle Reedereien verstaatlicht wären und daß alle Staaten für ihre Transportleistungen sich nur die Selbstkosten zurückvergüten ließen, so wäre damit noch keineswegs gesagt, daß die Kunden nunmehr auf die wohlfeilste Weise bedient würden. Gewiß, wenn die Staaten peinlichst darauf achteten, daß in ihren Betrieben jeder technische Fortschritt, der wirtschaftlich verwertbar wäre, sofort angewendet würde und persönliche Unternehmerinitiative in der Seeschiffahrt keine Rolle spielte, dann wäre alles in Ordnung. Wenn aber alles

---

[1] Johnson: a. a. O. S. 32 u. 33. Ferner C. Steinke, deutscher Konsul in Jacksonville (USA.) berichtet über die Gründe, die nach amerikanischer Auffassung für Regierungsbetrieb der Flotte sprechen. Hansa vom 1. Januar 1928, S. 84.

[2] Johnson, E. R.: a. a. O. S. 32.

[3] Helander: a. a. O. **1928**, 102.

beim alten bliebe und wenn jede Neuerung, die einen wirtschaftlichen Fortschritt bringen könnte, unbeachtet gelassen würde, was nützte dann noch der Hinweis, daß man doch zu Selbstkosten fahre? Es ist auch zu bedenken, daß es gerade für Verkehrsunternehmen fast unmöglich ist, die Kosten des einzelnen Verkehrsaktes auf ein Haar genau festzustellen. Haben aber die Staatsreedereien durch entsprechende Verständigungen eine Monopolstellung sich gesichert, so ist damit die Gefahr zum Mißbrauch dieser Machtstellung noch keineswegs beseitigt. Sie ist unter der Regie des Staates ebenso gegeben, als wenn nur private Unternehmer hier zu schalten und zu walten hätten[1].

Wir können uns nicht davon überzeugen, daß der Staatsbetrieb in unserem Falle auf die Dauer ein günstigeres Ratenniveau durchzusetzen vermöchte, als es sich gegenwärtig unter dem Drucke allgemeiner Konkurrenz eingespielt hat.

## 2. Die Staatssubventionen.

Das bekannteste Mittel, das die Staaten zur Begünstigung ihrer Reeder anwenden, sind die Subventionen. Diese ermöglichen den Reedern die Preisstellung nach dem Prinzip der Teilung des Marktes auf Grund von Mitteln, die nicht aus dem Frachtengeschäft, sondern aus einer anderen Finanzierungsquelle stammen. Daß auf diese Art gestützte Reedereien im Konkurrenzkampf eine außerordentliche Überlegenheit geltend machen können, leuchtet ein. Im Rahmen der Mittel, die auf Grund der Subventionen ihnen zufließen, können die Reeder die Raten frei von jeglichen Kostenerwägungen ansetzen. Sie sind auf die Zusammenarbeit mit anderen Linienreedereien weniger angewiesen. Sie können als Outsider fahren und die Bemühungen der Schiffahrtskonferenzen um lohnende, für längere Zeit stabile Raten kühn durchkreuzen. Der Lloyd Triestino quotierte z. B. in 1927, vermöge seiner Subvention, ab Triest eine so niedrige Rate für Drahtgeflecht, daß die deutschen Linien außerstande waren, dieser Ratenpolitik zu begegnen. Es wird gesagt, daß unter Berücksichtigung aller in Betracht kommenden Umstände die Fracht von Hamburg viermal so hoch wie die von Triest war[2]. Es ist ferner bekannt, daß die Maisfrachten der Union Castle Line gesunken sind, nachdem die Linie von der südafrikanischen Regierung Subventionen für die Postbeförderung erhielt[3].

[1] Lotz: a. a. O. S. 36.

[2] Flemming, W.: Schiffahrtssubvention. Hansa, April 1928, S. 621. Ferner Salinger, H. D.: Schiffahrts-Subventionspolitik. I. u. H. 1928.

[3] Fairplay vom 5. März 1925, zit. bei Helander: a. a. O. 1928, 117.

Nun kann aber auch gerade von Linienreedereien, die nur kraft ihrer Subventionen sich zu halten vermögen, ein Druck auf Ratenerhöhung ausgehen, um schließlich ein Äquivalent für ihre höheren Kosten zu erhalten. Helander erinnert in diesem Zusammenhang an die wohlwollende Stellungnahme des Shipping Board, den Schiffahrtskonferenzen gegenüber[1]. Ergänzend hierzu möchte ich an die Bemühungen erinnern, die um die Senkung der Kosten für die Durchfahrt des Panamakanals mit Nachdruck in die Wege geleitet worden sind, und wozu die Initiative nicht etwa von subventionsfreien Reedereien ausgingen, sondern von amerikanischen Interessenten. Der Rechtsbeistand der American Steamship Association[2] brachte im Juni 1928 auf der internationalen Schiffahrtskonferenz in London den Antrag ein, in Washington entsprechend vorstellig zu werden. Gleichzeitig wurde im amerikanischen Senat über den Gesetzentwurf des Senators Copeland verhandelt, der eine Herabsetzung der Panamakanalgebühren vorsieht[3].

Wenn man jedoch die Subventionen in Verbindung mit der Preisbildung betrachtet, wird man ihre Anwendung verurteilen müssen. Entweder durch Mehrung des Tonnageangebotes oder durch willkürliche Preisbildung, je nachdem wie die Suvbentionen verwendet werden, wird der Marktpreis, ohne daß wirtschaftliche Gesichtspunkte dabei maßgebend sind, beeinflußt. Ein Preis, der so zustande gekommen ist, kann nun aber nicht am Markte die Ordnung herstellen, die vom wirtschaftlichen Standpunkt aus die zweckmäßige wäre. Der für die Überwindung der Depression so wichtige Ausleseprozeß kann nicht — oder doch nur in einer unerwünschten Richtung — stattfinden. In Folge davon bleibt Angebot, das längst hätte liquidieren müssen, im Markte. Auf diese Weise wird die Dauer der Depression mit Hilfe staatlicher Unterstützung verlängert und damit ist weder der Seeschiffahrt noch den Interessen der beteiligten Wirtschaftsgebiete geholfen[4].

Professor Hermann Levy-Berlin[5] hat demgegenüber eine andere Stellung einnehmen zu müssen geglaubt, die er wie folgt umschreibt:

„Im allgemeinen wird man die Politik der Schiffahrts- und Schiffbausubventionen der einzelnen Länder, wenn auch als einseitige Begünstigung

---

[1] Helander: a. a. O. **1928**, 349.

[2] Halla, A.: Großbritanniens Schiffahrt und Schiffbau in 1928. Hansa vom 5. Januar 1929.

[3] I. u. H. vom 1. Juni 1928.

[4] Eingehend wurde das Problem der Subventionen neuerdings behandelt bei Helander: a. a. O. 3. Kapitel.

[5] Levy: a. a. O. S. 145.

der nationalen Schiffahrt, nicht unbedingt als weltwirtschaftsfeindlich anzusehen haben, wie etwa das protektionistische Zollsystem. Kommen doch die Mehrbauten bzw. die Erweiterung der Dampfschiffahrtslinien unmittelbar dem Weltverkehr zugute. Im Gegenteil, ... wird jede Summe, die ein Staat für die Förderung seines Dampfschiffsbestandes oder Seeverkehrs auswirft, der die Schiffe benutzenden Allgemeinheit zugute kommen und jede Vermehrung des Handelsflottenbestandes der Welt die Kosten der Verfrachtung durch einen Druck auf die Weltfrachttarife herabsetzen.

Hierzu bitte ich dieses anmerken zu dürfen: dem Weltverkehr kommt jede Erweiterung von Schiffahrtslinien zugute, nach der Bedarf besteht. Jeder Mehrbau, der ohne Rücksicht auf den Bedarf noch Tonnage veranlaßt wird, ist Spielerei, ist höchstens eine interessante Kombination von Stahl und Eisen. Das Kapital wird nicht dort verwendet, wohin es ein hoher Preis lockt, sondern einseitig wird ein bestimmter Erwerbszweig damit überhäuft. Die Folge wird sein, daß die Erzeugung von Gütern, die doch eine Voraussetzung des Weltverkehrs ist, erschwert wird. Der Weltverkehr muß durch solche Machenschaften nicht gefördert, sondern, im Gegenteil, gehemmt werden.

Hier stehen wir am Ende unserer Ausführungen. Wenn anfangs Nachfrage, Angebot und Preise voneinander losgelöst in ihrer Bedeutung für die Gestaltung der Marktdaten betrachtet wurden, so geschah es, um einen besseren Einblick in die tatsächlich eng verstrickten Zusammenhänge vermitteln zu können. In Wirklichkeit kommen die Markterscheinungen als Ergebnis eines lebhaften Wechselspiels von gegenseitigen Anregungen zustande. Die Preise beeinflussen Angebot und Nachfrage mindestens ebenso sehr, wie diese durch ihre Handlungen die Preise.

Einflüsse von der Geldseite her, die gerade im letzten Jahrzehnt eine wichtige Rolle auch am Seefrachtenmarkt gespielt haben, sind absichtlich in dieser Arbeit außer Betracht gelassen worden.

Auf die Teilung des Marktes als Preisbildungsprinzip wurde wiederholt hingewiesen. Es wurde gezeigt, daß nicht nur dort, wo die Linienreedereiverbände eine monopolähnliche Stellung einnahmen, dieses Prinzip Anwendung findet, sondern daß auch unter freier Konkurrenz innerhalb der Seeschiffahrt die Preisbildung nach diesem Grundsatz sich einzuspielen vermag.

Über die Linienreedereiverbände und ihre Tarifpolitik ist in den teils recht umfangreichen Werken von Giese, Murken, Groß, Kojima[1] und auch bei Helander das Wesentliche gesagt

---

[1] Kojimas umfangreiches Werk: The Shipping Conferences, erschienen 1923, war mir leider nicht zugängig.

worden. Es blieb daher nur übrig, Bekanntes durch neueste Daten zu stützen, zu einigen besonders auffallenden Behauptungen kritisch Stellung zu nehmen, und, soweit es möglich war, neu hinzugekommene Probleme hervorzukehren.

Nicht soll durch die vorliegende Arbeit der Eindruck erweckt werden, als ob der Preis, der sich am Seefrachtenmarkt bildet, eine wesentlich andere und viel wichtigere Funktion als die anderen Preise in der Volkswirtschaft zu erfüllen hätte. Doch das wird man vielleicht sagen dürfen: Je mehr sich, infolge technischer Fortschritte oder infolge Ausnützung neuer Kombinationsmöglichkeiten, die Widerstände mildern lassen, die die Transportpreisbildung der Verkehrsentfaltung entgegensetzt, desto eher werden Preisveränderungen an den Gütermärkten Warenbewegungen auslösen können.

# Literaturverzeichnis.

Eulenburg, F.: Die Preisbildung in der modernen Wirtschaft. Grundriß der Sozialökonomik. 4. Abt.

Halm, G.: Die Konkurrenz. München u. Leipzig 1929.

Liefmann, R.: Grundsätze der Volkswirtschaftslehre. 2 Bde. Stuttgart u. Berlin 1919.

v. Zwiedineck-Südenhorst, O.: Kritisches und Positives zur Preislehre. Z. f. d. St. **1908/09**.

Borght, van der R.: Das Verkehrswesen. Leipzig 1925.

Deutschlands Großschiffahrt 1928. Die Hamburg-Bremer Linienreedereien, ihre Beziehungen und Beteiligungen, Flotten, Aufbau, Statistik, Finanzen. Berlin-Wilmersdorf 1928.

Giese, K.: Das Seefrachttarifwesen, 1925.

Groß, J.: Das Konferenzsystem der Linienschiffahrt unter Berücksichtigung der Lage der deutschen Linien nach dem Kriege. Schiffahrt-Jahrbuch **1926**.

Guckenmuß, F.: Die Unterstützung der französischen Handelsmarine durch Prämien. Hamburg 1914.

Helander u. Haslinger: Art. „Seeschiffahrt". Hdw. 4. Aufl.

Helander, S.: Der Tonnageüberfluß in der Weltwirtschaft. W. A. **1926 II**.

— Schiffahrt und Imperialismus. Die Angestelltenkammer. Bremen **1927**.

— Die internationale Schiffahrtskrise und ihre weltwirtschaftliche Bedeutung. Jena 1928.

Huldermann, B.: Die Subventionen der ausländischen Handelsflotten und ihre Bedeutung für die Entwicklung der Seeschiffahrt. Berlin 1909.

— Seeschiffahrt und Welthandel. Berlin 1911.

— Geschäftslage und Entwicklung der Seeschiffahrt. Berlin 1913.

— Albert Ballin. 4. Aufl. Oldenburg u. Berlin 1922.

Himer, K.: Die Hamburg-Amerika-Linie im sechsten Jahrzehnt ihrer Entwicklung 1897—1907. Berlin 1907.

Johnson, E. R.: Ocean Rates and Terminal Charges, Report by ... Washington 1919.

Kojima, S.: Shipping Combinations as Seen from the viewpoint of Freight Theory. Kyoto Univ. Economic Rev. **1926**, Nr 1.

— The Effects of Shipping Competition on Freight Rates. Kyoto Univ. Economic Rev. **1927**, Nr 1.

— On the Tariff Freight Rates. Kyoto Univ. Economic Rev. **1927**, Nr 2.

— Characteristics of Shipping Tariff Rates. Kyoto Univ. Economic Rev. **1928**, Nr 1.

Kreuter, A.: Zur Preisbildung in der Linienreederei. Ein Beitrag zur Morphologie des Seefrachtenmarktes. Diss. München 1909.

Lenz, P.: Die Konzentration im Schiffahrtsgewerbe. Jena 1913.

Levy, H.: Die Grundlagen der Weltwirtschaft. Berlin 1924.

Liefmann, R.: Kartelle, Konzerne und Trusts. Stuttgart 1927.

Lotz, W.: Verkehrsentwicklung in Deutschland 1800—1900. 3. Aufl. Leipzig 1910.

Meyer, R.: Ursachen der amerikanischen Konkurrenz. 2. Liefg. Berlin 1883.

Murken, E.: Die großen transatlantischen Linienreederei-Verbände, Pools und Interessengemeinschaften bis zum Ausbruch des Weltkrieges. Ihre Entstehung, Organisation und Wirksamkeit. Jena 1922.

„Nauticus", Jahrbuch für Deutschlands Seeinteressen. Berlin.

Norddeutscher Lloyd, Jahrbücher. Bremen.

— Handbuch für Australien 1929—1930. Bremen.

Overzier, P.: Der amerikanisch-englische Schiffahrtstrust — Morgan-Trust — mit besonderer Berücksichtigung seiner Beziehungen zu den deutschen Dampfschiffahrtsgesellschaften. Berlin 1912.

Pantlen, H.: Der Wiedereintritt Deutschlands in die Weltschiffahrt. Berlin u. Leipzig 1927.

Pauls, H. G.: Die Konzentration in der deutschen Linienschiffahrt. Wirtschaftskurve d. Frankfurter Ztg **1927**, H. 1.

Sax, E.: Die Verkehrsmittel in Volks- und Staatswirtschaft. Bd 1 u. 2. Berlin 1920.

Smith, J. R.: Influence of the great war upon shipping. New York 1919.

Scholz, W.: Die Stellung der Segelschiffahrt zur Weltwirtschaft und Technik. Jena 1910.

Sombart, W.: Das Wirtschaftsleben im Zeitalter des Hochkapitalismus. 2 Bde. München u. Leipzig 1927.

Thies, K.: Deutsche Schiffahrt und Schiffahrtspolitik der Gegenwart. Leipzig 1907.

Wätjen, H.: Der Wiederaufbau der deutschen Handelsschiffahrt nach dem Weltkrieg. Leipzig 1926.

Wiedenfeld, K.: Art. „Seeschiffahrt" im Wörterbuch der Volkswirtschaft von Dr. L. Elster. Jena 1911.

Bulletin mensuel du statistique. Société des Nations, Genève.

Fairplay, London.

Industrie- und Handelszeitung, Berlin.

L'Information, Journal financière economique et politique, Paris.

Hansa, Deutsche nautische Zeitschrift, Hamburg.

Lloydzeitung, Berlin 1909.

Wirtschafstdienst, Hamburg.

Weitere Literaturangaben im Text.

Buchdruckerei Otto Regel G. m. b. H., Leipzig.

GPSR Compliance

*The European Union's (EU) General Product Safety Regulation (GPSR) is a set of rules that requires consumer products to be safe and our obligations to ensure this.*

*If you have any concerns about our products, you can contact us on ProductSafety@springernature.com*

In case Publisher is established outside the EU, the EU authorized representative is:

Springer Nature Customer Service Center GmbH
Europaplatz 3
69115 Heidelberg, Germany

**Batch number: 10844623**

Printed by Printforce, the Netherlands